曾就职于

沈阳市图书馆党委办公室

沈阳市文化局党委宣传部

辽宁广播电视台记者、编辑

中国第一代国家广播电台专业节目主持人

现　任

中华鬼谷子文化发展委员会　主任

中国文化遗产保护研究院　副院长

中国国学院　常务副院长

北京大学、清华大学、中科院研究生院等国内几十所院校的特聘专家、教授、顾问

翟杰　老师

鬼谷子研究专家、策划专家、演讲家、主持人、培训专家

应邀赴美国哈佛大学、加州大学，英国剑桥大学、牛津大学，俄罗斯新大学、圣彼得堡国立理工大学等国际知名大学及“一带一路”沿线，为40多个国家讲授国学。

国学影视剧《鬼谷子》《谋圣鬼谷子》《少年鬼谷子》《大汉国母》《财神爷》《苏东坡治疫》等影视作品总策划、总编剧、总导演。

翟杰老师将中华国学智慧精髓与当代从政经商、商务谈判、人际沟通、口才训练、亲子教育等融为一体，开发出一套科学、实用、创新的培训体系。

目前，翟杰教授主持的各类培训及讲演已达3000多场，受众达6000多万人次。

邓卿 老师

广东始兴县人，现供职于佛山市南海区图书馆，负责“有为讲坛”。有幸与众多著名教授、文化名家学习交流。2004年至今“有为讲坛”连续举办了16年，讲座1000余场，邀请了500多位来自全国各地的名校名师做客“有为讲坛”，担当演讲嘉宾，已编辑、印制4集“有为讲坛”演讲文集。

自2016年以来，邀请翟杰老师合作推出“鬼谷子智慧”系列讲座，深受好评，并于2017年“全民终身学习活动周”被中国成人教育学会评为终身学习品牌项目。2020年新型冠状病毒肺炎疫情突袭而至，他又与翟杰合作推出“魅力口才云上会”线上视频系列讲座，即本书视频版。

三十多年来，邓卿还坚持利用业余时间从事中国山水画的研究与创作。专心画最熟悉的家乡山水，绘画风格不拘泥技法，运笔随心所欲。在绘画技法上创造了“砾岩皴法”，丰富了山水画中岩石的画面笔法效果。

十八般口才

翟杰 邓卿 著

古有十八般武艺 今有十八般口才

图书在版编目（CIP）数据

十八般口才：古有十八般武艺 今有十八般口才 / 翟杰，邓卿著．—北京：企业管理出版社，2021.6
ISBN 978-7-5164-2418-6

Ⅰ．①十… Ⅱ．①翟… ②邓… Ⅲ．①口才学—通俗读物 Ⅳ．①H019-49

中国版本图书馆CIP数据核字（2021）第116363号

书　　名：十八般口才——古有十八般武艺　今有十八般口才
作　　者：翟杰　邓卿
责任编辑：尤颖　刘畅
书　　号：ISBN 978-7-5164-2418-6
出版发行：企业管理出版社
地　　址：北京市海淀区紫竹院南路17号　　邮编：100048
网　　址：http://www.emph.cn
电　　话：编辑部（010）68487630　　发行部（010）68701816
电子信箱：zbz159@vip.sina.com
印　　刷：河北宝昌佳彩印刷有限公司
经　　销：新华书店
规　　格：170毫米×240毫米　16开本　17.5印张　220千字
版　　次：2021年7月第1版　　2021年7月第1次印刷
定　　价：58.00元

前言

十八般口才PK 十八般武艺

联合国自1945年10月24日成立以来，先后把汉语、英语、法语、俄语、阿拉伯语、西班牙语确定为联合国工作语言。

在我国古代，我们将完美的人称作文武双全，或文韬武略。现如今，除了特定人群之外，我们已经不需要“武略”的“十八般兵器”和“十八般武艺”了。而“文韬”的“十八般口才”是不可或缺的，当今社会无论从事什么行业，都离不开“文韬”。

那么，为什么我把这武行的十八般兵器，用到了口才这个领域呢?

从历史上说，我们的祖先高度评价了口才的作用：一言之辩重于九鼎之宝，三寸之舌强于百万之师；一言可兴邦，一言可丧国；唇枪舌剑，胜过刀枪剑戟。我借用十八般兵器来诠释十八般口才，以展示语言艺术的魅力。

您可能会问：这“十八般口才”都是什么?

先说十八般武艺：刀枪剑戟、斧钺钩钗、镋链槊棒、鞭锏锤抓、拐子流星。

与十八般武艺对应的“十八般口才”是：伶俐口才、演讲口才、主持口才、朗诵口才、沟通口才、谈判口才、营销口才、故事口才、领导口才、培训口才、会议口才、直播口才、对话口才、论辩口才、应变口才、即兴口才、智慧口才、幽默口才。整整十八般，共计十八章，可谓样样俱全。这“十八般口才”，正好对应“十八般武艺”，再加上前言和后语。

为什么要加上这前言和后语？因为这“十八般口才”不能“前言不搭后语”。

本书以“究天人之际，通古今之变，成一家之言”的唯物史观为依托，以“古为今用，洋为中用；百花齐放，推陈出新”的思想为指导，以“不忘初心，牢记使命”“讲好中国故事，传播中国声音”为主导，以中华民族古往今来的著名演讲家、辩论家的精彩口才故事为主体，提纲挈领地阐释、解读关于“十八般口才”的内容。这是一本全面诠释口才在各个领域运用的实战训练教科书。

口才，自古以来就是我们中华民族非常重视的一项生存本领，或者叫一种职业技能。下面我就按“古、今、中、外”选出四个故事与您分享。

古：楚庄王十分钟爱他的一匹马，但这匹马因养尊处优，太肥胖而死了。楚庄王命令全体大臣为死马致哀，并要用一棺一椁装殓，按大夫的礼节举行葬礼。百官纷纷劝谏，庄王大动肝火，下令谁再劝谏，定判死罪。这时，有个叫优孟的人，进宫号啕大哭。庄王问为什么，优孟说：“这匹马是大王最心爱的马，楚国之大，什么东西弄不到！现在却只以大夫的葬礼来办丧事，实在太轻慢了！我请求用君王的礼仪来埋葬！”楚庄王一听甚为高兴，便问：“依你之见，怎么个葬法呢？”优孟说：“最好以雕琢的白玉作棺材，以精美的梓木做外椁。还要建造一座祠庙，放上牌位追封它为万户侯，这样天下的人就知道，大王是轻贱人而贵重马了。”楚庄王一听，如梦初醒，说：“我的错竟到了这种地步！”

今：一位女士进一家鞋店买鞋。鞋店的一位男店员态度极好，不厌其烦地替她找合适的尺码，但都找不到。最后他耸了耸肩说：“看来我找不到适合你的，你一只脚比另一只脚大。”那位女士很生气，站起来要走。鞋店经理听到了两人的对话，他请女士留步。男店员看着经理劝那女士再次坐下，没过多久一双鞋就卖出去了。女士走后，那店员问经理：“你究竟是用什么办法做成这笔生意的？刚才我说的话跟你的意思一样，可她很生气。”经理解释说：“不一样啊，我对她说她的一只脚比另一只脚小。”

中：鬼谷子的得意弟子，被誉为连横之父的张仪，有一次随团出使楚国谈判，回来的时候，发现价值连城的和氏璧丢了。大家都怀疑是张仪偷的，把张仪打了一顿，可是张仪确实没偷。后来他们在别处找到了和氏璧，不好解释，就把张仪打发回家了。到家后，张仪的夫人看到张仪被打得鼻青脸肿，浑身是伤，马上要给他包扎。张仪却说：“这些都不要紧，看看我的舌头还在吗？”伸出舌头让夫人看。夫人看后说：“张先生，你的舌头还健在。”听到夫人说自己舌头还在，张仪马上精神抖擞，意气风发地说：“没关系，只要我张仪三寸不烂之舌尚在，就有东山再起、卷土重来之时。”

外：英国戏剧大师萧伯纳年轻时非常胆小木讷，不善言谈，连拜访邻居、同学或朋友都不敢。他经常站在门外，犹豫不决地徘徊半个小时，不敢开口叫门。他下定决心，一定要练好口才，于是他参加“辩论学会”，利用一切可利用的机会练习胆量、口才和辩论，后来终于成为著名的演讲家和剧作家。当有人问他练习口才的秘诀时，他回答说：“我是以学溜冰的办法来做的，我固执地、一味地让自己出丑，直到我习以为常。”

古今中外这四个口才故事，说明了口才的重要性，同时也证明口才是练出来的。口才是一个人的第二张身份证，是一个人综合素质的体现。

无论从政、经商、沟通、谈判、营销、亲子、教育、演讲、主持、朗诵、表演等，都需要有一副“铁齿铜牙金嗓子”，有一个“博学多才好脑子”。

因此，我尽己所能，写了《十八般口才》。

经常有人问我：“您是做什么生意的？”

我通常回答：“我是做进出口生意的。”

人家又问：“您进口什么？出口什么？”

我说：

“我进口五谷杂粮，出口皆是文章，称之口出成章；

我进口琼浆玉液，出口恰似悬河，称之口若悬河；

我进口茉莉花茶，出口尽是莲花，称之口吐莲花；

我进口粗茶淡饭，出口唇枪舌剑，称之口齿伶俐；

我进口山珍海味，出口耐人寻味，称之口吐珠玑；

我进则入脑入心，出则绘声绘色，称之口角春风；

我进则入情入理，出则心服口服，称之口传心授。”

总而言之，一言以蔽之，

我进口的是柴米油盐酱醋茶；

我出口的是琴棋书画诗酒花。

这正是：

小小一张嘴，吃饭又喝水；有它就有命，没它就命归。

把善捧上天，让恶去见鬼；是非辩分明，全靠这张嘴。

2021年3月18日

前言二

我与翟杰老师的缘分，要从2016年说起。那一年，我主持的“有为讲坛”魅力口才系列讲座，邀请了六位重量级的演讲家做语言艺术为主题的专题演讲，这其中就有翟杰老师。

翟杰老师主讲“鬼谷子智慧口才”这个主题，是听众特别喜欢听的内容之一。

从2017年底至2019年8月，再次邀请翟老师举办了18场“鬼谷子智慧”系列讲座，这是“有为讲坛”创办十多年来的第一次。这种邀请专家进行专题系列讲座，开创了公共图书馆的一种创新服务形式。在这之后，听众再次强烈要求翟杰老师做“魅力口才”专题系列讲座。于是，我又与翟杰老师共同策划了“魅力口才”这个教学型系列讲座。

“魅力口才”这个话题，是翟杰老师的强项，他有十多年国家广播电台节目主持的经验及几十年研究演讲的心得体会，可谓得心应手，才尽其用。

翟杰老师说：口才的表现形式有很多种，在学习、生活、工作中，口才的作用无处不在，它是一个人必备的技能。对应不同的场合、人群、环境、目的，口才有着不同的方式、方法和特点。古往今来，人与人之间的沟通，国家与国家之间的沟通， 辩论双方唇枪舌战的经典故事比比皆是……

翟杰老师说：论武，古有十八般兵器；论文，今有十八般口才，“魅力口才”讲座就这样确定以“十八般口才”为主题。

为了方便读者和听众长期反复学习，在新型冠状病毒肺炎防疫期间，我们将这套课程录制成视频播出，引起了强烈的反响。

南海图书馆推广“魅力口才·云上会”系列讲座，最大限度地发挥公共图书馆的社会文化服务功能，给读者更多理论与实践相结合的学习机会，向社会广泛宣传博大精深的中华文化，推广各种形式的读书会活动，在社区开展群众性读书报告会、读书分享会、讲好中国故事等活动。通过多种多样的阅读活动，打造了一个到处都充满琅琅读书声的书香社会。

据翟杰老师说，《口才是练出来的》是翟杰老师关于口才的开山之作，而这本《十八般口才》将是翟杰老师演讲口才的收官之作。

“魅力口才·云上会”系列讲座的内容是翟杰老师的研究成果，是翟杰老师几十年演讲实践与心得体会的精髓。《十八般口才》是一本高度概括语言沟通、艺术表达的指导性著作，更是一本举一反三地学习智慧口才的教材型佳作。

愿与广大读者共学。

邓卿

2021年3月18日

目录

第一般口才

伶俐口才
PK
刀打一片

第二般口才

演讲口才
PK
枪扎一线

第十七般口才

智慧口才 PK 拐子马阵

第十八般口才

幽默口才 PK 行云流星

后 语

口才十八般 PK 武艺十八般

第一般口才
伶俐口才
PK
刀打一片

在当今中国，若要拥有一副好口才，首先要学好普通话，一来提升自己的语言能力，二来也让受众听得清、听得懂。

普通话是现代标准汉语的另一个称呼，是以北京语音为标准音，以北方话为基础方言，以典范的现代白话文著作为语法规范的现代标准汉语。普通话作为联合国工作语言之一，已成为中外文化交流的重要桥梁和外国人学习中文的首选语言。

《国家通用语言文字普及攻坚工程实施方案》计划“到2020年，在全国范围内基本普及国家通用语言文字”，具体为全国普通话普及率平均达到80%以上。

推广普通话并不是要人为地“消灭”方言，主要是为了消除方言隔阂，以利社会交际，与人民使用和传承方言并不矛盾。

普通话一词最早出现于清末，清朝1909年规定北平语言为“国语”，民国时期多次制定国语读音，中华人民共和国成立后于1955年向全国推广标准。

普通话语音的特点：共有声母23个，除舌尖后擦音、鼻音、边音外，无浊音；韵母39个，多复元音，鼻韵母有前后之分；没有声母的清浊对立，没有入声韵，尖团合流，声调较少，调式简单，另外有轻声和儿化韵。

与印欧语系相比，普通话语音有以下几个鲜明特点。

音节结构简单，声音响亮。普通话中，一个音节最多只有4个音素，其中，发音响亮的元音占优势，是一般音节中不可缺少的成分。一个音节内可以连续出现几个元音（最多三个）如“坏（huài）”，而且普通话音节中没有复辅音，即没有像英语、俄语那样，几个辅音连在一起的现象。

音节界限分明，节律感强。汉语的音节一般都是由声母、韵母、声调三部分组成，声母在前，韵母紧随其后，再带一个贯穿整个音节的声调，便有了鲜明的音节界限。从音素分析的角度观察，辅音和元音互相间隔而有规律地出现，给人周而复始的感觉，便于切分音节。

声调抑扬顿挫，富有表达性。普通话声调变化高低分明，高、扬、转、降区分明显，能够较强地表达一个人的情感。

普通话语音的准确

声韵准确：声韵母标准；

调值准确：阴、平、上、去、轻；

字音准确：多音字、异读字；

变调准确：一七八不、上声相连；

儿化准确：儿化音的作用；

文法准确：主、谓、宾、定、状、补、修辞。

这部分内容在翟杰老师早前出版的《口才是练出来的》《魅力口才三支剑》中已有详尽阐述，在此不再赘述。下面附上几段贯口练习范文。

贯口是相声、评书以及其他曲艺和语言表演行业的说功训练，又称“趟子”。它是最能练习口才并证明一个人口才功夫的基本功。

它以一段篇幅较长的说词，由表演者一气呵成，鱼贯而出，一贯到底，以训练和表现表演者的口才功夫，相声界称之为“口快如刀”。贯口分大贯口、小贯口。小贯口一般十几或几十句，大贯口可长达一百多句。在贯口训练中，切忌急于求成，要由慢而快，由小而大。在练习中，要做到嗓音亮、吐字清、字正腔圆、气口精当。

一 小贯口《鬼谷子弟子》翟杰作

鬼谷弟子个个好，细数起来皆国宝；
若问他们名和姓，我来说段数来宝；
孙膑庞涓和范蠡，茅蒙徐福和张仪；
苏秦毛遂和计然，翟璜翟景和范雎；
吕耕白圭司马错，李斯李悝郦食其；
王翦王龁公孙衍，李冰李牧和邹忌；
魏章魏昂和魏成，文种商鞅和吴起；
甘茂甘德西门豹，蔡泽蒯通和要离；
陈轸尉僚和猗顿，郭纵剧辛和白起；
匡章许行和荀踪，石申邹衍和田忌；
田单田骈田穰苴，天杰地灵和乐毅；
他们都是鬼谷子的好徒弟，
个个都是属第一，促进中国大统一。

翟杰于中央人民广播电台演播快板

二 大贯口《拜师词》翟杰作

上阕：拜师表　如梦令《拜师》

昨日梦中如令，
今日如梦方醒。
众里寻千回，
方才求得真经。
师长至尊，
弟子不辱使命。

吾本布衣庶民，来世之时，身无长物。命之多劫，运之屡舛。然，坚韧不拔，自强不息；博览群书，苦修六艺。

立志：不恋功名利禄，只求大智若愚。

忆悠悠岁月，思漫漫人生，半个世纪，方知天命。

回首翘望，学虽不精，略知道德品行；技虽不佳，稍通琴棋书画；

徒有多才多艺之美誉，妄称厚积薄发之虚名。

吾自呱呱坠地，到牙牙学语，时至今日，无师无长、无跪无拜。

因，称其吾师者，必是大仁大智、大气大量有识之士也；

因，称其吾长者，必是博学多才、德艺双馨旷世奇才也。

然，吾踏破铁鞋，五湖四海；众里寻访，华夏神州……

怎奈，大仁者有之而无大智，大气者有之而无大量；

博学者有之并不多才，德艺者有之并无双馨。

此间，不禁慨叹：春风满面皆朋友，欲觅师长难于上青天。

然而，忽如一夜春风来，两位恩师接踵至。

昨日孟兄提携，诞生人生第一拜：

中国教育艺术泰斗李燕杰恩师，为吾塑造美的心灵；

今日彭老厚爱，再生人生第二拜：

中国演讲艺术泰斗彭清一恩师，为吾再造艺术典范。

喜哉！喜哉！

下阕：敬师表

韩愈《师说》曰："古之学者必有师。师者，所以传道、受业、解惑也。"

今日，弟子拜二位教授为恩师，实乃三生有幸之至也。

一生有幸之：恩师有"苏秦以连横说秦"之唇枪舌剑；

二生有幸之：恩师有"弥正平裸衣骂贼"之侠肝义胆；

翟杰（中）与恩师李燕杰（右）、彭清一（左）

三生有幸之：恩师有“伯牙摔琴谢知音”之侠骨柔肠。

恩师演讲之经典语言，可谓字字珠玑，大珠小珠落玉盘，令弟子钦佩不已；

恩师高论之思辨逻辑，实乃句句明理，淡妆浓抹总相宜，叫弟子叹为观止；

恩师艺术之完美造诣，堪称阳春白雪，一江春水向东流，让弟子望尘莫及；

恩师人生之潇洒旷达，犹如洞箫之韵，万紫千红总关情，使弟子醍醐灌顶。

尊敬的恩师：自与您结缘后，

观长江之时，犹闻恩师之演讲，排山倒海；

游黄河之际，似见恩师之振臂，惊涛裂岸；

登长城之巅，如临恩师之胸怀，天高云淡；

攀黄山之峰，宛若恩师之臂肩，高耸云端。

为此，有收尾诗《敬师》为证：

无师无长五十载，
无跪无拜实无奈；
今日恩师堂上坐，
兄弟姐妹八方来。
乐哉！乐哉！

三 大贯口《兵器谱》

刀枪剑戟，斧钺钩叉，镋镰槊棒，鞭锏锤抓，拐子流星，带棱的，带刃儿的，带戎绳的，带锁链儿的，带倒齿勾的，带峨嵋刺儿的。

刀有单刀、朴刀、鬼头刀、长柄短刃刀、青龙偃月刀、崩童户撒刀、三尖两刃刀、子午鸳鸯刀、金川士可刀、曲刃凸背刀、鱼鳞紫金刀、腰刀、掉刀、驴耳刀、屈刀、戟刀、眉尖刀、御林大刀、行刑刀、黑旗大刀、山头刀、牙柄腰刀、鳝鱼头刀、吉良环柄刀、狮子环长刀；龙环柄刀、龙雀大环刀、太平刀、掩月刀、斩马刀、钩镰刀、峨嵋刀、鹿角刀、直背刀、回族刀、山头刀、云头刀、雁翎刀、凤翅刀、双手刀、七星刀、九环刀、万口刀、千牛刀、柳叶刀、定我刀、朝天刀、开阵刀、划阵刀、单钩刀、双钩刀、双锋刀、牛角刀、象环大刀、斜朗刀。有凤刀、笔刀、关刀、马刀、直刀、夹刀、鄣刀、悬刀、削刀、刮刀、镔铁刀、折铁刀、豹环柄刀、大环刀、神机万胜水龙刀、红毛宝刀、劈水电光刀、大砍刀、小砍刀、七星古铜刀、九耳八环刀。

有描金戟、方天戟、青龙戟、扫鬼戟、镇山戟、太安戟、东方戟、常胜戟、护神戟、虎威戟、青龙戟、龙形戟、短柄双戟、月牙戟、方天云戟、天龙破城戟。

有开山钺、定山钺、镇山钺、三只虎钺、子午鸳鸯钺、灭寇镇关钺、开山斧、月牙斧、双斧、板斧、锚斧、镰斧、短柄斧、神威斧、锉子斧、祥手宣花斧。

有二节棍、三节棍、长棍、短棍、大棍、齐眉棍、大梢子棍、手梢子棍、凤光棍、怀杖棍、祖师棍、盘龙棍、青铜棍、镔铁棍、烟头棍、倒马火蛇神威棍。

有狼牙棒、虬龙棒、盘龙棒、喇嘛棒、杆棒、钩棒、杵棒、白棒、抓子棒、梅花棒、柯藜棒、铁链夹棒、独龙錾金棒、双虎嵌银棒、青铜吉利棒、龙头杆棒、镔铁螺丝棒。

有环鞭、绳鞭、杆子鞭、二节鞭、三雄鞭、七节鞭、九节鞭、雷九鞭、判鬼鞭、阴阳鞭、连环双铁鞭、十三节亮银鞭。

有撞金锤、轧油锤、立瓜锤、卧瓜锤、四方锤、八棱锤、敌锤、万胜锤、梅花锤、六角锤、行刑锤、擂鼓锤、链子锤、流星锤、金线锤、走线锤、长柄单锤、狼牙锤。

有指槊、掌槊、狼牙槊、杖槊、衡槊、枣阳槊、铜人娃娃槊，凤翅镋、雁翅镋、牛头镋、鹿面镋、镏金镋、月牙镋、无牙波折翼形镋，马叉、飞叉、三股叉、五股钢叉、短柄叉、飞铙、飞刺、峨嵋刺、手钩、飞钩、虎头钩、护手双钩、龙须钩、飞抓、飞爪、金龙爪、龟背驼龙抓、丁字拐、牛心拐、李公拐、钩镰拐、凹面锏、熟铜锏；双流星、双飞挝、烈钻、镭钻、峨嵋钻、月牙铲、虎头铲、短把追风铲、荡天灭寇阴阳铲。

有金锋枪、银杆枪、鸡嘴枪、鸭嘴枪、梅花枪、梨花枪、八宝驼龙枪、丈八蛇矛枪、双头枪、钩镰枪、单钩枪、双钩枪、多钩枪、环子枪、长锥枪、短锥枪、捣马突枪、太宁笔枪、三尾掷枪、柜马枪、火绳叉子枪、金钻提泸枪、素木枪、短刃枪、蒺藜枪、拐突枪、拐刃枪、龙马枪、透甲枪、三眼枪、小标枪、龙头枪、虎头枪、龙凤枪、翼虎枪、夹霸枪、四角枪、箭形枪、曲刃枪、焰形枪、戟添枪、槌枪、梭枪、抓枪、拐枪、标枪、蛇枪、镞枪、弧枪、大枪、花枪、曲枪、睦枪、制胜枪、护手双枪、浑铁枪、狼筅、龙刀枪、神威烈火夜叉枪、飞天独龙神女枪。

四 大贯口《中华国学百部经典》

易经、诗经、尚书、周礼、仪礼、礼记、春秋、尔雅、左传、论语、孟子、大学、中庸、孝经、忠经、正经、止经、予经、素书、史记、墨子、荀子、管子、楚辞、汉书、论衡、六韬、三略、反经、败经、辨经、心经、金刚经、圆觉经、梵网经、楞严经，楞伽经、法华经、嵇康集、道德经、南华经、冲虚经、弟子规、小儿语、名贤集、三字经、百家姓、千字文、千家诗、文中子、公羊传、谷梁传、淮南子、抱朴子、韩非子、商君书、后汉书、传习录、日知录、鬼谷子、呻吟语、孙子兵法、孙膑兵法、资治通鉴、孔子家语、晏子春秋、吕氏春秋、贞观政要、群书治要、春秋繁露、乾坤大略、黄帝内经、世说新语、增广贤文、笠翁对韵、幼学琼林、朱子家训、齐民要术、陶渊明集、文心雕龙、龙文鞭影、文字蒙求、说文解字、六祖坛经、无量寿经、颜氏家训、吴子兵法、百战奇略、三十六计、鉴纲易知录、司马法兵法、尉缭子兵法、苏东坡全集、李太白文集、龚自珍全集、韩昌黎文集、曾国藩家书、太上感应篇、诸葛武侯兵法、地藏菩萨本愿经。

五 大贯口《报菜名》

有蒸羊羔、蒸熊掌、蒸鹿尾儿、烧花鸭、烧雏鸡、烧子鹅、卤猪、卤鸭、酱鸡、腊肉、松花小肚儿、晾肉、香肠儿、什锦苏盘、熏鸡白肚儿、清蒸八宝猪、江米酿鸭子、罐儿野鸡、罐儿鹌鹑、卤什件儿、卤子鹅、山鸡、兔脯、菜蟒、银鱼、清蒸哈什蚂、烩鸭丝、烩鸭腰、烩鸭条、清拌鸭丝、黄心管儿、焖白鳝、焖黄鳝、豆豉鲇鱼、锅烧鲤鱼、烀烂甲鱼、抓炒鲤鱼、抓炒对儿虾、软炸里脊、软炸鸡、什锦套肠儿、卤煮寒鸦儿、麻酥油卷儿、熘鲜蘑、熘鱼脯、熘鱼肚、熘鱼片儿、醋熘肉片儿、烩三鲜、烩白蘑、烩鸽子蛋、炒银丝、烩鳗鱼、炒白虾、炝青蛤、炒面鱼、炒竹笋、芙蓉燕菜、炒虾仁儿、烩虾仁儿、烩腰花儿、烩海参、炒蹄筋儿、锅烧海参、锅烧白菜、炸木耳、炒肝尖儿、桂花翅子、清蒸翅子、炸飞禽。炸汁儿、炸排骨、清蒸江瑶柱、糖熘芡仁米、拌鸡丝、拌肚丝、什锦豆腐、什锦丁儿、糟鸭、糟熘鱼片儿、熘蟹肉、炒蟹肉、烩蟹肉、清拌蟹肉、蒸南瓜、酿倭瓜、炒丝瓜、酿冬瓜、烟鸭掌儿、焖鸭掌儿、焖笋、炝茭白、茄子晒炉肉、鸭羹、蟹肉羹、鸡血汤、三鲜木樨汤、红丸子、白丸子、南煎丸子、四喜丸子、三鲜丸子、汆丸子、鲜虾丸子、鱼脯丸子、饹炸丸子、豆腐丸子、樱桃肉、马牙肉、米粉肉、一品肉、栗子肉、坛子肉、红焖肉、黄焖肉、酱豆腐肉、晒炉肉、炖肉、黏糊肉、烀肉、扣肉、松肉、罐儿肉、烧肉、大肉、烤肉、白肉、红肘子、白肘子、熏肘子、水晶肘子、蜜蜡肘子、锅烧肘子、扒肘条、炖羊肉、酱羊肉、烧羊肉、烤羊肉、清羔羊肉、五香羊肉、氽三样儿、爆三样儿、炸卷果儿、烩散丹、烩酸燕儿、烩银丝、烩白杂碎、氽节子、烩节子、炸绣球、三鲜鱼翅、栗子鸡、氽鲤鱼、酱汁鲫鱼、活钻鲤鱼、板鸭、筒子鸡、烩脐肚、烩南荠、爆肚仁儿、盐水肘花儿、锅烧猪蹄儿、拌稂子、炖吊子、烧肝尖儿、烧肥肠儿、烧心、烧肺、烧子盖儿、烧连帖、烧宝盖儿、油炸肺、酱瓜丝儿、山鸡丁儿、拌海蜇、龙须菜、炝冬笋、玉兰片、烧鸳鸯、烧鱼头、烧槟子、烧百合、炸豆腐、炸面筋、炸软巾、糖熘饹儿、拔丝山药、糖焖莲子、酿山药、杏仁儿酪、小炒螃蟹、氽大甲、炒荤素儿、什锦葛仙米、鳎目鱼、八代鱼、海鲫鱼、黄花鱼、鲥鱼、带鱼、扒海参、扒燕窝、扒鸡腿儿、扒鸡块儿、扒肉、扒面筋、扒三样儿、油泼肉、酱泼肉、炒虾黄、熘蟹黄、炒子蟹、炸子蟹、佛手海参、炸烹儿、炒芡子米、奶汤、翅子汤、三丝汤、熏斑鸠、卤斑鸠、海白米、烩腰丁儿、火烧慈姑、炸鹿尾儿、焖鱼头、拌皮渣儿、氽肥肠儿、炸紫盖儿、鸡丝豆苗、十二台菜、汤羊、鹿肉、驼峰、鹿大哈、插根儿、炸花件儿，清拌粉皮儿、炝莴笋、烹芽韭、木樨菜、烹丁香、烹大肉、烹白肉、麻辣野鸡、烩酸蕾、熘脊髓、咸肉丝儿、白肉丝儿、荸荠一品锅、素炝春不老、清焖莲子、酸黄菜、烧萝卜、脂油雪花儿菜、烩银耳、炒银枝儿、八宝榛子酱、黄鱼锅子、白菜锅子、什锦锅子、汤圆锅子、菊花锅子、杂烩锅子、煮饽饽锅子、肉丁辣酱、炒肉丝、炒肉片儿、烩酸菜、烩白菜、烩豌豆、焖扁豆、氽毛豆、炒豇豆，外加腌苤蓝丝儿。

有蒸羊羔、蒸熊掌、蒸鹿尾儿、
烧花鸭、烧雏鸡……
许昌
酒泉
三道营
集宁
丰镇
出德胜门，走清河，沙河，
昌平县，南口，青龙桥……
沙河
南口

六 大贯口《地理图》

出德胜门，走清河，沙河，昌平县，南口，青龙桥，康庄子，怀来县，沙城，保安，下花园，宣化，俞岭，张家口，柴沟，西湾，天镇，阳高县，聚乐堡，周氏庄，大同，孤山，丰镇，集宁，平地泉，三岔口，十八台，卓资山，三道营，旗下营，陶卜齐，呼和浩特，萨拉齐，西包头，过乌拉素海，石嘴山，宁夏回族自治区，银川市，过中宁，走甘肃兰州，西宁，凉州，永昌，临泽，酒泉，玉门，猩猩峡，新疆，哈密，乌鲁木齐，达坂城，库来氏，温宿，泽堡，昆仑山，进西藏。聂拉木，扎什伦布，多拉本，天泉，柴达木，齐木，沙尔到拉萨，墨竹工卡，拉里，柴多木，是巴塘、理塘、雅砻江，大渡河过泸定桥，四川成都市，走简阳，资阳，荣昌，永川，到重庆，贵州省遵义、贵阳市，云南省昆明市，文山，燕山到广西，南宁，柳州，阳朔，桂林市，湖南省，衡阳，株洲到长沙。湖北省，沙市，汉阳，汉口，武胜关，孝感，河南信阳，驻马店，郾城，许昌，郑州，开封，洛阳，三门峡，陕西，灵宝，潼关，华阴县，西安，咸阳，岳县到延安。由龙门过黄河，山西省榆次县，太原市，寿阳，平定州，阳泉，河北井陉，石家庄，新乐，望都，保定市，深（州），武（强），饶（阳），（平）安，河间，沧州，南皮，东光，山东德州，平原，禹城，济南市，党家庄，张夏，万德，界首，泰安，东北坡，大汶口，吴村，曲阜，兖州，固镇，新桥，曹老集，蚌埠，门台子。由白关，小溪河，石门山，张八岭，担子街，花旗营，浦口过江，南京市。龙潭，下蜀，镇江，昆山，陆家滨，无锡，苏州到上海。走松江，浙江，嘉兴，绍兴，杭州，金华到江西，永丰、瑞金到福建。走青州，连城，三元，南平，福州，泉州，金门，厦门，奔山口、广东省，广州，雷州，海南岛，过了九龙、香港到越南河内，老挝万象，泰国曼谷，缅甸仰光，孟加拉，印度，加尔各答，孟买、新德里，过巴基斯坦，阿富汗。伊朗、伊拉克。叙利亚，黎巴嫩，土耳其，安卡拉，过黑海，到苏联，乌克兰，斯大林格勒，列宁格勒，莫斯科，爱沙尼亚，拉脱维亚，立陶宛，波罗的海到芬兰。瑞典斯德哥尔摩，挪威，丹麦，德国柏林，波兰华沙，捷克斯洛伐克，匈牙利布达佩斯。罗马尼亚，保加利亚，希腊，阿尔巴尼亚，南斯拉夫，意大利，瑞士，法国巴黎，马赛，地中海，直布罗陀，葡萄牙，西班牙，马德里，过英吉利海峡到伦敦，英格兰，苏格兰，爱尔兰，冰岛过了大西洋到美洲。走加拿大魁北克，纽芬兰，波士顿，纽约，华盛顿，芝加哥，旧金山，墨西哥，中亚美利加，危地马拉，尼加拉瓜，厄瓜多尔，哥伦比亚，玻利维亚，维多利亚，圭亚那，巴西，秘鲁，乌拉圭，阿根廷，布宜诺斯艾利斯，智利，圣地亚哥，麦哲伦。澳大利亚墨尔本，过大洋洲，走突尼斯，摩洛哥，阿尔及利亚，利比亚，埃及，苏丹，埃塞俄比亚，莫桑比克，马达加斯加，到南洋群岛，苏门答腊、爪哇，西里安，马来西亚，菲律宾，马尼拉，过吕宋到日本九州，下关，长崎，广岛，东京，大阪，名古屋，北方四岛，库页岛，堪察加半岛，过日本海到朝鲜半岛，釜山，大邱，汉城，平壤，新义州。过鸭绿江，回到丹东，走通化梅河口，吉林省长春市，延吉，双河镇，宁安，牡丹江，林口，佳木斯，木兰巴页，哈尔滨，齐齐哈尔，内蒙古，巴克图，海拉尔，满洲里，呼伦贝尔，阿里山，乌兰浩特，开原，铁岭，乱石山，走新城子，文官屯，沈阳，皇姑屯，新民县，柳河沟，白旗堡，大虎山，高山子，青堆子，赵家屯，沟帮子，大凌河，双羊店，锦州，女儿河，高桥，塔山，韩家沟，兴城，白庙，沙后所，前所，山海关。走秦皇岛，北戴河，昌黎县，到栾州，古冶，开平到唐山。走芦台，汉沽，塘沽，到天津奔东南角，东门官银号，北海楼龟甲胡同，万寿宫，北大关，河北大街，大红桥，西于庄子，丁字沽，是南仓，北仓，走蒲口，汉沟，桃花口，杨村，蔡村，河西务，安平，码头，张家湾，走通县，过八里桥，这才回到北京张一元。

演讲口才 PK 枪扎一线

大家知道，生命在于运动，运动创造生命。我们每个人的生命，都是通过人类的运动创造出来的。人世间有各种各样的运动会，在小学、中学、大学我们也许都参加过学校的运动会。我们也通过各种方式看过省、市、区及全国的运动会，2008年北京成功地举办了第29届奥运会，现在正在筹办2022年冬季冰雪奥运会。但是，我们下面给大家介绍的运动会，是您以任何方式都无法看到的运动会。

下面，就请大家随着我们的引导和解说，去欣赏一场特别的运动会。

翟杰率团于“一带一路”沿线多国演讲

这场运动会，是一场举世无双的、特殊的体育比赛，是人类历史上参赛人数最多、时间最长、比赛方式最特殊的一项铁人全能长跑比赛。

这次参赛的人数打破了任何一次大赛的纪录，总共有三亿多人报名参加。比赛的路程异常艰苦，而比赛结果按大赛组委会的规则只取第一名，没有亚军和季军。

这次长跑比赛之所以会有三亿多人踊跃报名参加，是因为这项比赛的优胜者可以获得人类有史以来最珍贵的一份奖品。

那么，究竟是什么珍贵的奖品使得这项比赛的报名人数达到了人类历史上的最高纪录呢？这个答案我们还是留在比赛的最后再公之于众吧！到时，也许会给您一个莫大的惊喜！

这场体育比赛还有一个特殊的地方，就是比赛的全过程是我们每个人永远无法看到的，只能通过冥想，借助我们丰富的想象力去回味、去体验、去欣赏、去领悟。这场特殊的体育比赛，要在非常安静、专注的环境中，通过心理学中冥想的方法来欣赏，现在请大家慢慢地闭上眼睛……

下面，我们就来为大家主持和转播这场人类历史上的特殊冠军赛。

华夏女娲广播电台、九州盘古电视台。

各位听众、各位观众、海外同胞们：现在我们是在北京市为您转播一场人类历史上特殊的铁人全能长跑比赛。报名参赛的运动员有三亿多人，此刻，他们已经站在了起跑线上，做好了赛前的一切准备。裁判员已经高高地举起了发令枪。

各—就—各—位—啪！

随着发令枪的一声巨响，三亿多名比赛选手，犹如离弦之箭，冲出了起跑线；又似万马奔腾，争先恐后地冲杀在比赛场上……

他们精神抖擞、意气风发，他们全力以赴、奋力向前……

此时，选手们来到了第一道关卡。这道关卡令人生畏，难以逾越，没有一定的勇气和力量是难以通过的。此刻我们看到，大多数的参赛者在这道关卡前因缺乏勇气和力量，无法通过这难度极高的障碍而遭到了淘汰……他们有的跌倒在地，无法再爬起；有的气喘吁吁，放弃了努力；还有一部分见此情景，望而生畏、纷纷退缩、败下阵来……这时，能够冲过第一关的人，只剩下了百分之一，也就是三百万人左右……

这三百万人都是百里挑一的强者，他们没有被眼前的障碍吓倒，没有被同伴的挫败干扰，他们鼓足力量，继续奋力向前……这时，在运动员的面前出现了一片风沙肆虐的大沙漠。沙漠上的温度高达零上50摄氏度。根据比赛规定，参赛者不得携带水和饮料，也没有任何食品可以充饥，只能凭借自己的体力与耐力跑完全程。值得敬佩的是，这些百里挑一的强者在干旱的沙漠上，不畏烈日酷暑，不怕饥饿干渴，继续奋力向前……随着时间一分一秒地过去，他们的汗水在流淌，体力在消耗。一批人张着干裂的嘴唇倒下了，又一批人拖着干瘪的身躯，再也爬不起来了……他们一个接着一个地倒下，在无情的沙漠上，留下了一片片的遗骸。最后，穿过大沙漠的人，仅仅是参赛选手的千分之一，也就是三十万人。

然而，更艰巨的考验还在前方。在大沙漠的尽头，一座高耸云端的冰山突然矗立在眼前，挡住了前方的路。怎么办？是继续向前？还是就此停步？这千里挑一的三十万人的回答是：明知山有虎，偏向虎山行，决不向困难低头！于是，他们迎着刺骨的寒风，踏着齐腰的冰雪，向着更高的山峰攀登……山风呼啸，冰雪纷飞。

一会儿，一批人的手脚冻僵了，再也无法行走了；一会儿，一批人的全身结冰了，永远地长眠在这巍巍的冰山之上……经过这样一段艰难的路程，翻越冰山的人只剩下了参赛人数的万分之一，也就是三万多人。

这三万多人，不愧是万里挑一的强者。他们用一腔热血和顽强的毅力战胜了冰雪，跨越了冰山……在这之后，他们又勇敢地闯进了一片原始森林，一片猛兽横行的无人区……这是他们赛程的必经之路……在茂密的原始森林，在杳无人烟的无人区，蚊虫扑面，虎狼成群。他们披荆斩棘、左右厮杀，与凶残的野兽作殊死的搏斗。经过一场场弱肉强食的残酷搏斗，冲出这片原始森林的只剩下了三千多人，是参赛人数的十万分之一。

当这三千多人想擦擦身上的血迹，松一口气、休息一下的时候，一场无情的暴风雨又扑面而至向他们袭来……直觉告诉他们：如果不在短时间内离开此地，还会遭遇更多凶猛野兽的袭击。此时，他们没有别的办法，唯一的办法就是：一鼓作气，继续前进……于是，他们又整装出发，继续前行……

不知又奔跑了多少天，他们被一片汪洋大海拦住了去路……俗话说，海上无风三尺浪，三尺海浪叫人亡。看来一场与惊涛骇浪搏战的考验又不可避免地来到了眼前……面对这浩瀚无边、波涛汹涌的大海，这三千多人重振旗鼓，劈波斩浪、奋力搏击……然而，令人心痛的是，当他们奋力游到对岸的时候，经过清点只剩下了三百多人，也就是参赛人数的百万分之一。

这三百多人默默无语两眼泪，再次咬紧牙关、再振雄风，又继续出发了……突然，前方出现了一处交叉路口，没有路标的指示。参赛者必须凭借自己的智慧做出正确的选择。选对了路，尚有一线希望；选错了路，则枉费了之前的所有努力，将面对全然的失败。

深具智慧的选手幸运地选择了正确的道路。他们拖着疲惫的身子，努力激发出极限的潜能，他们知道，自己已经战胜了三亿多名对手，只要再坚持一下，跑完最后这段路，就能赢得这举世无双、旷世罕见的比赛。然而，这条道路却越走越狭窄，最后只能容纳一个人通过。这时，这些选手们要凭着自己的能力，进行一场你死我活的特别战斗……刀枪剑戟、斧钺钩钗、镋链槊棒、鞭锏锤抓、拐子流星；什么带尖儿的、带刺儿的、带棱的、带刃儿、带梅花钩的、带锁链儿的……真枪实弹、应有尽有，十八般武艺，尽情发挥。于是，一场强者为王、败者为寇的血腥之争，便无情地上演了……

经过一番殊死的搏斗，一名战胜了全部对手的超凡精英脱颖而出，冲向终点……

此时，终点就在眼前。只见这名选手鼓足勇气，用尽一切力量，拼命向前冲刺、冲刺……加速、加速、再加速……好！收音机前的朋友们、电视机前的朋友们，这名选手终于越过了终点线，成为这次比赛的唯一获胜者。此刻全场掌声雷动，经久不息。举世为他欢呼喝彩，雀跃拥戴。他是最后的赢家，是最伟大的胜利者，是最具实力的真正冠军。这是有史以来人类最艰巨的比赛，胜利者必须兼具勇气、体力、耐力、毅力、智慧、运气，还要靠潜能的完全激发，才能获得这项冠军。他应该得到有史以来最崇高、最有价值的奖励！

此时，一位神圣的天使，走到了这位冠军的面前，郑重地把一枚金光闪闪的、硕大的奖牌，挂在了这位冠军的胸前。此刻，人们将目光集中在这位冠军胸前的奖牌上，只见奖牌上镌刻着两个金光

全能长跑赛
耶！
哇
生命
1

闪闪的大字：“生—命—”！全场沸腾了！人们欢呼、欢笑、奔走相告，现场成了欢乐的海洋……

然而，站在高高领奖台上的这位冠军，却激动地放声大哭，哭得惊天动地……这哭声，有他对痛苦的回忆；这哭声，有他对前途的希冀；这哭声，有他对生命的呐喊；这哭声，有他对未来的呼唤！这哭声，就是生命中的第一次演讲！

各位听众、各位观众，比赛进行到这里，您一定想知道这位演讲冠军的名字和形象吧！那么，请睁开您那双超凡脱俗的慧眼，目睹一下这位铁人全能大赛的最后胜利者、举世闻名的金牌演讲冠军迷人的风采吧！

各位听众、各位观众、亲爱的朋友们，这位大名鼎鼎、胸前挂着“生命”金牌的演讲冠军，就是经历了280天的世纪长跑后获得最后胜利的，镜子里面的那位优秀的炎黄子孙，一位光荣的中华人民共和国公民，一位无敌天下的团队精英，这个人就是您—自—己！

现在，中华人民共和国国歌已经响起，鲜艳的党旗、国旗、军旗、团旗、少先队旗在迎风飘扬。下面，请您鼓起勇气，展现您的自信，当镜子来到您面前的时候，您就骄傲地、自豪地、高声喊出镜子里那位伟大的演讲冠军光辉的名字吧！

当您从镜子里亲眼目睹了这位演讲冠军风采之后，让我们给策划这场演讲比赛的发起人和组织者——我们尊敬的父母一个感恩的掌声吧！

让我们再面向出生的地方，给这场演讲比赛的裁判员——我们的白衣天使一个感谢的掌声吧！

最后，让我们自豪地给这场比赛的演讲冠军——我们自己一个骄傲、自豪和鼓励的掌声吧！

上一段开场白，我们调动了演讲、朗诵、贯口、评书、音效、肢体、物体、环境等语言形式，做了一个多种语言形态的示范，目的就是让大家对各种语言形式有一个初步的感官认识。

当今社会，人们越来越认识到口才的重要，渴望练就一副好口才。经商、销售、管理、从政、外交、采访、主持、培训等都离不开一副好口才。

古人云：一言之辩重于九鼎之宝，三寸之舌强于百万之师。

口才，是成功和竞争的资本，也是人的第二张身份证。是人才不一定有口才，有口才一定是人才。书到用时方恨少，话到说时才知难。对他人，什么都不要也得要口碑；对自己，什么都不要也得要口才。

因此说，演讲人要具备：

铁齿铜牙金嗓子，
博学多才好脑子；
才华横溢皆文章，
口若悬河伶俐齿。

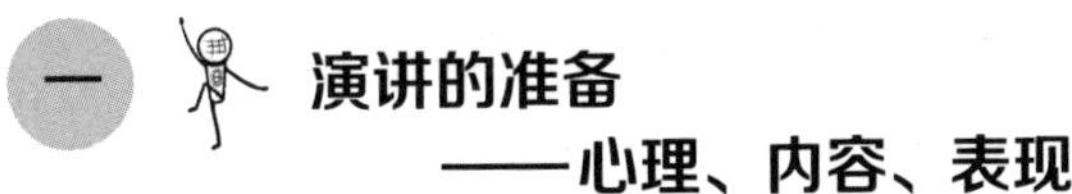

演讲的准备——心理、内容、表现

1 什么叫演讲

演，就是演绎、表演，它可以通过声音、语言、眼神、表情、动作等身体器官进行表演。讲，就是讲话、说话，就是摆事实、讲道

理，以理服人。演讲演讲，主要是讲，讲是通过我们的发声器官所发出的语言来表现的，所以演讲口才非常重要。

2 演讲的形式

朗读式演讲：事先写好演讲稿，逐字逐句地宣读。其内容经过慎重考虑，语言经过反复推敲，结构经过精心安排，讲话郑重。

提纲式演讲：演讲者将演讲的主要内容、层次、重要词句按照提纲形式写出来，作为提示，以防忘记。

背诵式演讲：亦称脱稿演讲。演讲者按照准备好的演讲稿，脱稿背诵演讲。

即兴式演讲：演讲者事先没有充分准备，或者根本没有准备，而是临场生情动意或被邀请所发表的演讲。即兴演讲难度最大、要求最高，如果演讲精彩，效果更好。这是对一个人综合能力和素质的最好检验。

3 演讲的风格

儒雅型：指的是讲话或演讲中所蕴涵的知识比较丰富，能够提高听众的修养与文化水平。这类演讲者大多为专家教授，如翟杰老师的导师、中国当代演讲艺术泰斗——李燕杰教授。

艺术型：指的是在讲话或演讲的过程中，运用多种形式，集语言、态势、幽默、抒情、激励于一体。这类演讲者大多为演员，如著名演讲家——彭清一教授。

庄重型：指的是在讲话或演讲的过程中，语速稍慢、声音沉稳，内容入情入理，思路清晰明确。这类演讲者大多为领导，如著名演讲家——刘吉教授。

活泼型：指的是讲话者语速较快，思维敏捷。这类演讲者大多为心直口快者，如著名女演讲家——“知心姐姐”卢勤。

力量型：指的是在演讲的过程中，以抑扬顿挫的语言和强势的语句节奏表达心中的感情。这类演讲者大多为军人，如著名军旅演讲家——蔡朝东、郑宏彪。

抒情型：指的是在演讲的过程中，以非常优美的语言和舒缓的节奏表达心中的感情。这类演讲者大多为学生。

幽默型：指的是在讲话中插科打诨、诙谐风趣、语出惊人。看似在意料之外，实际在情理之中。人人意中所有，人人语中所无，如影视歌三栖明星——凌峰。

纯朴型：指的是以最朴实的语言表达自己心中的想法。这类演讲者大多为工人和农民。

综合型：指的是能够掌握不同题材、不同体裁、不同风格、不同形式的演讲，兼收并蓄、随机应变、刚柔相济、急缓相通、挥洒自如。这是我们追求的目标。

4 演讲的风度

塑造美好的心灵：一个蕴藏于心灵深处的精神境界可以直接或间接地影响一个人的风度。优美的风度是经过长期心灵塑造的自然外露；一时的包装，难以掩饰一个人的本质特征。

增强聪明才干：学识渊博，机敏过人，方能产生才华横溢的风度。演讲者能够在演讲的过程中表现出滔滔不绝、妙语连珠、幽默风趣的风度，一定是知识修养丰厚、视野广阔、兴趣广泛、思维敏捷等因素的综合。学识浅薄、视野狭窄、兴趣单一、浮躁浅陋、刻板迂腐，是不可能展现出优雅风度的。

积累社交经验：演讲实际上也是一种具有一定特征的社交方式。如果演讲者社交经验匮乏，甚至连起码的社交能力都不具备，那么要想获得演讲成功，恐怕只能是一种奢望。社交能力的高低，对人的风度起着很大的作用，尤其是在现代社会生活中，人的风度优劣会直接影响社交的效果。

演讲者的演讲技巧与优雅的风度是相辅相成的。具有优雅演讲风度的人，其演讲技巧一定高超；高超的演讲技巧，更有助于演讲者展现其优雅的风度。

5 演讲的“四然”

自然：内心平静，平和自然，真实流露。

泰然：遇事不慌，侃侃而谈，充满自信。

井然：循序渐进，步步为营，顺理成章。

超然：洒脱自如，我行我素，充满创意。

6 演讲的要求

坚定信念，面带微笑，声音动听；

身体挺拔，举止大方，行动有力；

步伐稳健，移动自然，动作得体。

二 自信心培养——恐惧、怯场、紧张

演讲最大的敌人是紧张、怯场、忘词，紧张是万恶之源。

忘词的守恒定律： 不自信——不熟悉——紧张——怯场——空白——忘词——更加不自信。这样循环往复，恶性循环。

克服忘词的守恒定律： 做好准备——充满自信——心中有数——从容镇定——正常发挥——精彩绝伦——充满自信。这样循环往复，良性循环。

1 自信心是演讲发动机

有自信才能发挥自如。 充满自信的人在讲话或演讲时不会紧张、不会恐惧。因此，他讲的每一句话、做的每一个动作都能够从容不迫，自由发挥。

有自信才能处事不惊。 当充满自信的人遇到意想不到的事情时，不是恐慌、害怕，而是沉着冷静，勇敢面对。因为他坚信自己一定能够解决这些问题，所以会从容应对。

有自信才能超常发挥。 充满自信的人，有时会盼望意想不到的事情发生，并且会庆幸遇到了一次展示自己才华的机会。这样往往令他超常发挥，甚至连自己都大吃一惊。

2 克服紧张的总体要求

通过知识积累，增强自信。

事先精心准备，熟能生巧。

做到知彼知己，心中有数。

讲稿反复练习，烂熟于胸。

3 克服紧张的具体方法

回避目光法：尽量避开让人紧张的人或事物。

呼吸松弛法：通过深呼吸平静紧张的心情。

自我陶醉法：回顾自己成功或满意的事件。

注意力转移法：不要一味苦思冥想当前情景。

语言暗示法：默念鼓励自我和增加自信的语言。

4 克服怯场的黄金定律

对待自己，要做到：哑巴吃饺子——心中有数。

对待受众，要设定：空棺材出丧——木中无人。

5 过度紧张对语音影响

心理松弛：语感自然，语句流畅，声音悦耳，善始善终。

过度紧张：声音嘶哑，尖厉颤抖，语无伦次，含糊不清。

三 演讲的礼仪——上台、演讲、退场

演讲的基本礼仪有以下几点。

入会场：雍容大方、态度谦和。不要东张西望、躲躲闪闪、忸怩作态、装腔作势、高傲轻慢。

就坐前：态度恭敬诚恳，不要多作推让，坐下后不要左顾右盼、夸夸其谈，要稳坐静思。

被介绍：起身微笑示意。不要扭捏畏缩、得意忘形。

上讲台：向主持人点头或握手、拥抱致谢。站定后，向听众敬礼、做一次快速眼神交流，开始演讲。

注目光：站在舞台中央或讲台前，目光要适时扫视全场。不可只盯一部分或一个听众，不可低头或看天花板等。

演讲后：向听众敬礼、致谢，向主持人致意。

结束时：回应听众鼓掌，或举手致意，表示答谢。

四 演讲的语言
——语音、语速、语感

1 演讲的要求

刚柔相济——气吞山河

急缓相通——快慢适中

抑扬顿挫——高低错落

口舌生风——语言流畅

2 语言的精练

口若悬河——侃侃而谈

惜字如金——字字珠玑

3 语音的准确

掌握正确的发声方法

吐字清晰，干净利落。

声调准确，注意区别。

口齿灵活，自然流畅。

语音：这里讲的语音是指音色，亦称音质，即人的声音本质。由于每个人的声带不同，音色也不一样。音质好的人有可能成为歌唱家、演讲家；音质差的人通过科学的训练，也可以变不利为有利。

音色的区分

高音与低音

音强与音弱

实音与虚音

刚声与柔声

语速：就是讲话的速度。演讲者根据演讲的内容、情绪、体裁等因素，有效掌握语言的快慢或停顿。它包括快语、加速、减速、停顿等。

快语：快速复述、转述、讲述、口述。

做到“一快三清”：语速快，主旨清、条理清、口齿清。

加速：众所周知的一带而过。

表现无法控制的感情，如激动或愤怒等，用于高潮或制造结尾“戛然而止”的效果。

减速：内容严肃，打动心灵，特别强调的人名、地名、数字，或故设疑问引人思考。

语调：就是说话的腔调，是一句话里语音高低轻重的配置。它是语言表达的第二大要素，也被人们称为语言表达的第二张王牌。

升调：情绪亢奋，语流运行状态由低到高，句尾音强而向上扬起，一般用于提出问题、等待回答、感到意外、情绪净空、发号施令等。

降调：情绪稳定，语流运行状态由高到低，句尾音弱而下降，常用于陈述句、肯定句、感叹句、祈使句等。

曲调：情绪激动或情绪复杂，语流运行呈起伏曲折状态，多用于双关语、幽默含蓄、讽刺嘲笑、意外惊喜。

语感：并不是指语言的感情色彩，而是指人对语言的感知和反应能力。当一连串线性结构的语流通过听觉或视觉传入大脑的时候，你能否迅速而准确地理解其含义和情味；当某种事物呈现在眼前，或某种意念产生于脑海，你能否迅速地找到适当且生动的词语，并将其连贯有序地表达出来。这就是语言的感应能力，或叫语言的触发功夫。

怎样培养和训练敏锐的语感呢？

注意积累词汇，多多益善；

辨析词的特点，越细越好；

注意词序、虚词，熟练编码。

语流：口语一般是依照前后连贯、相对完整的“语言链”来表达思想的。表达能力不强又缺乏训练的人，会出现吞吞吐吐、言不达意、前后脱节、说半截话等语流不畅或语流质量不高的现象。语流训练就是为了培养完整、准确的口语表达能力。它包括储词、句式和炼句等方面的训练。

储词训练：储备各方面富有表现力的词汇、短语，使语流更准确、顺畅。

句式训练：重点训练长短句的交错和多重复、插入、倒装等句式的运用，以及陈述、疑问、祈使、感叹句式的组合使用。

炼句训练：克服说话啰唆重复，培养简洁利索的口语表达习惯。

特别提示：演讲前做口腔体操。这部分内容亦在翟杰老师的《口才是练出来的》《魅力口才三支剑》中有详细的练习方法，本书不做赘述。

4 肢体语言

按演讲人的身材划分，可分为上位、中位、下位。

上位：是指肩部以上，常在演讲者感情激越，或大声疾呼、发出号召、进行声讨，或强调内容、展示前景未来的时候运用。

中位：即从腹部至肩部，常在心绪平稳、叙述事实、说明情况、阐述理由的时候运用。

下位：即在腹部以下，除指示方位、列举数目以外，多用于表达厌恶、鄙视、不快和不屑一顾的情感，或介绍、评说反面事物。

演讲手势的作用

形象：手势是语言的形象化表达。例如，摸摸胡子表示高兴，拍拍大腿表示赞叹，捶胸顿足表示悲痛，声嘶力竭表示愤怒等。

点缀：如果一个人呆若木鸡地站在一个地方喋喋不休地讲个没完，肯定不受欢迎。因为他除了嘴，就没有散发活力的地方，仿佛是个僵化的人。适当地加一些手势，会对讲话起到一些点缀的作用，不至于让听众觉得呆板枯燥。

点睛：一个恰当的手势会对讲话者的主题或内容起到点睛的作用。例如，当阐述关于海洋或雨的问题时，加一个鱼儿游动或下雨的手势，会起到点睛的作用，使主题或内容更加清晰。

吸引：通过手势的不断变化，可以吸引人们的视觉注意力，达到引导听众同步行进的目的。

互动：通过手势的不同动作，引导或带动听众的动作，会使听众有一种参与感，进而达到身心的互动。

节奏：适当的手势，可以加强语言的节奏。例如，在开始讲话的时候，加一个号召或就座的动作，会让听众快速进入聆听的状态；在演讲的过程中，语言发生快慢变化，配以适当的手势会使演讲的节奏更加鲜明；在结尾的时候，加一个告别的动作，会提示听众起身离去。

语气：在需要重点强调的问题或内容上加上一个手势，会起到加强语气的作用。例如说“我们一定要完成今年的任务”的时候，加上一个挥拳的动作，即表示了坚定的决心；同时在挥手之间，也利于气息和声音的发挥，使语气增强。

强化：对一个问题做肯定或否定的时候，反复地做同样的手势会起到强调和强化的作用，使听众牢记不忘。

肢体语言运用规则

肢体动作的频率要适度。所谓适度，就是当你的感情、情绪或语言需要特别强调或增强表现力的时候，顺其自然地做一些恰如其分的动作即可。不要动作过多，像群魔乱舞；也不要一动不动，呆若木鸡。另外，手势动作也要根据讲话人的感情或内容需要快慢有致。语速快，动作也要快；语速慢，动作也要相应慢下来。

手势的幅度要适度。一般情况下，场面大、人数多的时候，动作就要尽量大一些，一方面表现你的大气，另一方面也给听众一个比较清楚的观感。相反，人数少，场面小的时候，动作可以小一点，如果动作太大，显然和周围的环境不相适应，给人作秀之感。另外，动作幅度的大小，还与所表现的题材和内容及感情有关。当表现一个人在说悄悄话的状态时，动作就要小一点，以表示神秘；当表现一个人在气愤或激动时，动作就可以大一点，以表现他的情绪状态。

手势的动作要美观大方。说到动作的美观大方，就不可避免地要涉及身体协调能力和肢体艺术表现能力。大家都知道，演员、运动员、时装模特都要进行形体训练，这些都是有助于身体协调和美观的。我们讲话的手势虽然不要求像他们那样，但是起码也要给人一种美感，为你的讲话增添一抹色彩。建议在这方面，可以稍微关注一下

今年工作计划
160%
一定完成今年的任务！
一定完成

演员、运动员以及时装模特的动作姿态，作为借鉴。总之，你做出的动作要尽量给人一种美感、节奏感。

肢体动作与眼神相一致，与表情相吻合，与身体相协调。讲话、手势、眼神、表情、身体姿势都是一体的，无论哪一方面没能做到协调一致，都会给你的讲话带来影响。例如，当讲到高兴的事情时，如果你的表情是痛苦的，眼神是呆滞的，肢体是萎缩的，你的动作与身体不协调，南辕北辙，那么该有多么难看，根本不能将你的感情正确地表达出来。一般情况下，眼要跟着手势走，身要跟着手势动。

摒弃不雅的演讲举止

不注意站姿、坐姿；站立时，东倒西歪，晃头耸肩；就座时，斜靠在椅子上，手臂搭在椅背上，翘二郎腿等。这些都是令人鄙视的动作，有损于演讲者的形象。

不管演讲内容是否需要，总是握着拳头在空中挥舞；故意把两手交叉在胸前；勉强把手扶在讲桌上；将两手一直插在衣袋里；或一直将两手放在背后，甚至有意无意玩弄衣襟或其他物品等，这些不良的举止都会转移听众的注意力，给演讲效果带来不利的影响。

佯装严谨而显得过分严肃，演讲时自始至终面部紧绷，表情阴沉，缺乏适当的手势配合。这种演讲显然不能给听众轻松愉快的感觉，只会使人感到压抑、沉重。

故意模仿别人的动作，尤其是模仿名人的动作，且模仿得不自然、不得体，矫揉造作，生搬硬套，会令听众大倒胃口。

注意力不集中，左顾右盼，似乎没把听众放在眼里，这样只能让听众对演讲产生逆反心理。

惴惴不安，面红耳赤，动作局促，甚至由于过度慌张做出令人发笑的姿态。

经常看表，有人进退场或会场稍有动静时不能镇定自若，导致演讲戛然而止，或草草收兵。

当听众对演讲者表现出不满情绪时，或驳斥、无奈、拂袖而去等。这些都是使演讲产生不利效果的做法。

5 物体语言

物体语言是通过对人、事、物具有一定代表性或提示作用的物体、物件，以达到睹物思人、睹物启迪的效果。例如我们在演讲、主持和培训中经常使用的锥子、哨子、惊堂木、扇子、蜡烛、镜子、黄牌、红牌、中国秤等。我们讲到“头悬梁、锥刺股”时，就拿出锥子；讲到迟到时，就拿出哨子、红牌、黄牌；讲到苏秦背剑时，就拿出长剑；讲到国学及历史故事时，就惊堂木一拍；讲到鬼谷子时，就拿出扇子；讲到财神爷时，就拿出中国秤。

6 服饰语言

我们经常说，人如其装，装如其人；穿衣戴帽，各好一套。服装虽然穿在其表，但是在某种程度上，代表着一个人的文化、爱好与修养；在演讲、培训、主持等公众活动中，也代表着一定的内容和符号。例如，我们在讲国学课程时，一定是穿汉服、唐装或中山装风格的服饰；在讲色彩性格分析课程时，更是配合课程变换不同颜色的服装，以强化课程的内容和含义。服饰搭配得体，不仅令人赏心悦目，还能增强和渲染主题，反之，则会背道而驰。

7 环境语言

面对很多事物时，人们往往会见景生情、触景生情。例如听到一段音乐、歌曲，看了一台节目、戏剧，来到大自然的某一个场景，听到高山流水、狂风呼啸，甚至用灯光来表现白天和黑夜等现象，都会令人产生相应的心理感受。把这些感受用在演讲、培训和主持的环境中，就是一种环境语言，通过这些可以渲染和增强感染力。例如，在讲解环境时，运用风霜雨雪的音效；在讲解感恩之心时，配上歌曲《感恩的心》；在讲解夜间航行时，借用灯光并配以海浪音效等。

五 演讲稿特点——主题、语言、结构

演讲稿特点如下

主题鲜明——中心思想明确

内容充实——真实新颖感人

语言流畅——通俗易懂生动

结构完整——起承转合跌宕

节奏感强——遣词造句讲究

乐感丰富——汉语特色突出

六 引人的开场
——新奇、震撼、愉悦

演讲的开头多种多样，仅就常用的几种加以说明。

悬念式开场白：以一个富有悬念的话题作为开场语，吸引人们的注意力。

提问式开场白：提出一个人们关心的问题作为开场语，增强人们的关注度。

点题式开场白：以开宗明义直接入题的语言作为开场语，使人们以最快速度进入状态。

举例式开场白：以与主题相同或相似的人事物作为开场语，使人们感到切合实际。

幽默式开场白：以一段幽默的话题或语言作为开场语，强化人们的注意力。

警句式开场白：以几句富有哲理的警句作为开场语，唤起人们的警醒。

实物式开场白：以一件或几件与主题相关的实物为引子，形象化地开场。

评书式开场白：借用人们喜闻乐见的评书惊堂木和定场诗的方式开场，别有一番情趣。

渲染式开场白：为进入主题进行一番渲染铺垫，然后再进入正题。

忠告式开场白：用非常郑重严肃的语言作为开场语，以引起人们的重视。

赞扬式开场白：用赞美的方式作为开场，很容易获得人们的好感。

新闻式开场白：用播报新闻的方式作为开场语，增强人们的信任感。

七 感人的内容——真实、生动、感人

说一千道一万，演讲是以内容为王的。从内容角度来说，必须做到以下几点。

真实可信——不容置疑

生动活泼——寓教于乐

感人至深——催人泪下

情节曲折——扣人心弦

逻辑缜密——引发思考

论证合理——无懈可击

离开了上述这几点，再好的形式和技巧都是浮在水面上的浮萍，都是金玉其外，败絮其中。

八 回味的结尾
——思考、思辨、思想

演讲的开头非常重要，结尾更加重要。俗话说，编筐编篓，全在收口。从总体上说，结尾有如下几个常见的形式。

总结要点式结尾：在结尾处对整篇演讲内容做总结性概括。

鼓动号召式结尾：在结尾处发出号召，鼓动人们增强信心，采取行动。

诙谐幽默式结尾：在结尾处采用幽默风趣的一段话或一个小故事，让人在愉悦中回味演讲主题。

引用名言式结尾：在结尾处引用古今中外名家名言，增强演讲主题的权威性或产生强烈的共鸣。

提出问题式结尾：在结尾处提出问题，供人们在演讲后继续思考，增强人们对演讲内容思考的持久性和深入性。

诱人思考式结尾：在结尾处通过某个人事物，引发人们思考和思辨。

抒发感情式结尾：在结尾处以饱满的热情抒发情怀，唤起人们内心的激动和情感。

共勉式结尾：在结尾处提出奋进的目标和努力的方向，激励人们奋发向上。

展望未来式结尾：在结尾处描绘未来的美好前景和希望，引发人们的憧憬和遐想。

发出誓愿式结尾：在结尾处发出号召并发表誓言，以此鼓舞人们的斗志。

赞美鼓励式结尾：在结尾处用赞美、夸奖的语言，激励人们增强自信心。

类比象征式结尾：在结尾处举出与演讲主题相关的人事物，以此为比较，使人们更加明晰主题思想。

九 现场的掌控——吸引、淡定、应变

要使演讲获得较好的效果，演讲者必须具有并运用以下这些现场掌控能力。

精美的语言——让受众喜欢
良好的台风——让受众赞叹
谦逊的态度——让受众接近
合体的服饰——让受众悦目
自如地发挥——让受众接受
超然的境界——让受众敬佩

武林争霸演讲
我杨过虽然断臂，但我和雕兄定会护百姓周全！
抒发情感式结尾
武林争霸演讲
等我练成蛤蟆功，我一定可以成为天下第一！
展望未来式结尾

主持口才PK一剑锁喉

关于主持，翟杰老师在《魅力口才三支剑》主持篇中，把它形容为“短兵相剑”。

主持人这个职业，过去叫司仪。自20世纪80年代后期，开始有了主持人这个称谓，随之有了这个职业，并首先被国家广播电台、电视台采用，与播音员有了区别。之后，中国传媒大学、北京电影学院等高等院校有了播音与主持专业，培养出了一代又一代优秀的节目主持人。

翟杰老师于1987年年底，以节目主持人的身份考入辽宁人民广播电台，有幸成为第一代节目主持人。在这个岗位上，一干就是十年。在这期间，经历了由录播到直播的发展过程。

离开广播电台这个小小的“直播间”，翟杰老师又投入到社会的“大直播间”中，并且是真正意义上的直播，即现场演讲、主持、授课，直接面对每一位受众。这与播音间或直播间的主持相比，要难上数倍。意想不到的突发情况可能随时发生，基本没有改正或回旋的余地，一切都展现在众目睽睽之中。因此，对主持人的要求更高、更严，主持的风险也更大。

作为一名合格、出色的主持人，必须要具备较强的语言能力、应变能力、才艺能力、场控能力、思辨能力、撰写能力、策划能力等与之相关的一切能力。因此，主持人这个职业受人青睐、受人重视、受人向往、受人注意、受人羡慕、受人追捧、受人尊敬。

一些有志青年希望成为令人刮目相看、风光无限的主持人；一些掌握一定权力、有领袖志向、年富力强的领导、干部、企业家、经理也希望自己能够在讲台上一展身手，彰显魅力。

主持人这一新兴职业，或专业、或业余，一有机会，都想试试。于是各类主持方兴未艾，如广播电视主持、婚礼主持、庆典主持、会议主持、谈判主持、商务主持等层出不穷。

近年来，随着网络的发展，线上主持、演讲、直播等更是五花八门，遍地开花。这其实是一件大好事，能给更多的人施展才华、服务企业、服务社会、服务人民的机会。为此我们要大声地说一句：主持人OK！OK，主持人！

但是，主持与演讲不同：演讲时一个人从头至尾，一气呵成，一切掌握在自己的手中，基本不受他人影响；而主持人要顾全大局，整体考虑，平衡协调，掌控大局。即使别人出错，也要主持人来承担和化解。

现在很多情况下，演讲者是会议或活动的元素之一，即便是耀眼的明星，也不过是一颗“珍珠”；而主持人要用一条看不见的“金线”，将这一颗颗“珍珠”串起来，组成一条美丽的“珍珠项链”，成为真正的“装饰精品”。行家们常说：一台晚会或一个会议，选好了主持人，就等于成功了一大半。

一般情况下，演讲者有较多的时间讲话，即使语言不够精练或略带啰唆，也不会影响大局；而主持人的语言必须简短精练，不允许有废话，不能拖沓，还要语中藏智慧、语中有逻辑、语中有艺术、语中含幽默等。外行人认为，整个会议主持人也没说几句话，太轻松、太容易了。而内行人知道，在语言艺术方面，主持要比演讲或培训难上十倍。以下是我们总结的二十多年的主持经验与您分享。

一 主持人的基本素质

主持人的知识结构——博古通今
主持人的才艺结构——多才多艺
主持人的语言特点——言简意赅
主持人的思维模式——标新立异
主持人的场控互动——随机应变
主持词的文案撰写——文采飞扬
主持人的职业精神——甘为绿叶

二 主持会议的基本原则

准备充分，胸有成竹。
议题突出，宗旨明确。
言之有度，把握充分。
因会制宜，调动情绪。

三 主持会议的基本程序

宣布开始——精彩的开场白

研讨议题——流畅的连接词

会议总结——精当的点评语

宣布闭幕——隽永的结束语

四 主持会议的基本技巧

精彩的开场白：因人而异、因时而异、因境而变、因事而议。

巧妙的连接词：牵线搭桥、过渡照应、承上启下、概括评论、画龙点睛、渲染铺垫、活跃气氛、打破僵局。

灵活的应变术：随机应变、随时调整、随事增减、随变而变。

恰当的引导语：学会倾听，兼听则明；学会劝说，保持中庸；学会插话，言语适度。

紧凑的日程表：完整的策划、会议的节奏、时间的掌控、内容的充实、主题的把握、现场的气氛。

圆满的结束语：要点回顾，重申内容，强调要点；故事启发，留下悬念，课后深思；引经据典，总结概括，耐人寻味；触动情感，感人话语，意味深长；行动促进，激发潜能，增强动力；小组竞赛，竞赛颁奖，调动情绪。

五 不同类型的主持风格

文艺娱乐活动主持：音乐会、文艺晚会、联欢会、舞蹈、曲艺、戏曲、朗诵、杂技、游艺、猜谜等。

总体要求：生动活泼，语言热情。

具体要求：审美取向与内容一致，主持表演与形式一致，多才多艺与互动一致。

体育竞赛活动主持：运动会、球赛、体操、游泳、棋类、赛车、田赛、径赛、棋类等。

总体要求：触发紧张，语言快速（棋类除外）。

具体要求：语速与赛事一致，点评与结果一致，描绘与气氛一致。

商务洽谈活动主持：研讨会、磋商会、洽谈会、展览会、推广会、发布会、谈判等。

总体要求：中立公正，语速平稳。

具体要求：正确对待反对意见，巧妙打断长篇大论，制止离题万里的讲话，善于协调不同意见，有效避免久议不绝。

学术讨论活动主持：科研课题、科学论证、科技测评、技术交流、科研发布等。

总体要求：置身度外，客观评价。

具体要求：不要参与课题讨论，不要发表个人观点，不要表明支持某方，客观对待各方观点，平息各方矛盾焦点。

少儿青年活动主持：少先队日会、团代会、组织生活会、六一儿童节、五四青年节、研学活动、社会实践活动等。

总体要求：欢快热烈，充满激情。

具体要求：轻松活泼的语言，童真趣味的形式，科学知识的融汇，引发思考的互动，表情物境的运用。

外事国际活动主持：使馆活动、联谊活动、外交谈判、互访活动、新闻发布等。

总体要求：谦逊礼貌，用词严谨。

具体要求：慎作政治性评论，慎谈宗教性话题，慎作民族性类比，慎用军事性术语，慎用肢体性语言。

朗诵口才 PK 长戟高门

一 朗诵的基础知识

1 朗读、朗诵五个阶段

朗读、朗诵可以使我们逐渐掌握汉语语法规律，培养敏捷的语感，还可以使声带、发音、语气、语调、语势等得到全面锻炼，达到声情并茂。

朗读、朗诵训练应循序渐进、由低到高、有条不紊地进行。

第一阶段：基础训练。选用百字左右的文章朗读、朗诵。

要求：发音准确，声音洪亮，吐字清楚，不添字，不丢字，不读错字，按照标点符号，恰当地停顿。

第二阶段：过渡训练。选用二、三百字的文章朗读、朗诵。

要求：在第一阶段的基础上，逐渐过渡到通顺、流畅，并且能读出陈述、疑问、感叹、祈使等几种句子的不同语气、语调。

第三阶段：巩固训练。选用五百字左右的文章朗读、朗诵，重点练习朗读、朗诵技巧，并结合自听或他听范文朗读、朗诵，巩固前两个阶段的训练成果。

要求：在前两个阶段的基础上，进一步读出长句中的停顿和句中的轻重缓急，并依据文章的思想内容，恰当而自然地带着感情朗读、朗诵。

第四阶段：综合练习。选用八百字左右的文章朗读、朗诵，将上述训练中得到的各种技巧综合运用到朗读、朗诵中去。

要求：语言流畅，语气连贯，具有较强的感染力。

第五阶段：发挥训练。选用千字以上文章朗读、朗诵，着重在感情运用上下功夫。

要求：感情表达准确丰富，声情并茂，使作品的深刻思想内容与朗读、朗诵者的感情融为一体。

2 朗读、朗诵用声要求

朗读、朗诵语言要求准确、鲜明、生动，富有表现力和感染力。我们不能像平时说话那样，在朗读、朗诵的时候要根据文章内容的不同，用不同的声音色彩来处理。为了使受众都能听到、听清，朗读、朗诵者往往会加大音量（除非有辅助扩音设备），但是，切忌声嘶力竭地喊叫，除非特殊需要；发声时一定注意气息运用，让声音更加饱满、浑厚，穿透力更强，有效保护嗓子。

3 嗓音与情、声、气

在朗读、朗诵时，要“情取其高，声取其中，气取其深”，这三者的关系要处理好。有些人在朗读、朗诵前过度紧张或满不在乎，结果要么声带僵硬，要么拖泥带水。

朗读、朗诵首先要有“情”，有情才会有“义”，情义饱满，才会感动人、教育人、启迪人。因此，朗读、朗诵前必须熟悉稿件，细心把握，调整情绪，这样才能进入状态，良好发挥。

调整好发声状态，不能可着嗓子喊，也不能气息不畅，发出挤、捏、窄，沉闷、喑哑的声音；要做到高音不喊、低音不散。

4 常见错误发声纠正

闷暗。音色沉闷、缺少亮度。

原因：口腔肌肉松散，牙关不开。这样的发声没有共鸣，给受众有声无字的感觉。

纠正：

A、加强21个声母的重点练习，同时与开、齐、合、撮四呼结合起来练习，全面锻炼口腔；

B、双唇音/b、p、m/与开口呼韵母相拼的音节练习，速度放慢，出字有力，韵腹拉开立起，收好字尾；

b-ang-bang（棒）　　p-ang-pang（庞）

m-ang-mang（忙）　　b-ai-bai（百）

C、如果遇到发音部位靠后的声母、韵母，应该有意识地往前送，在不影响音色的前提下，发音部位前移；

D、四字词练习：花红柳绿、锦绣河山、山明水秀、心知肚明；

E、绕口令。

喊叫。音色尖锐、刺耳、粗糙，有时跑音。

原因：盲目追求高音，呼吸部位浅，舌根、颈部、下腭肌肉紧张，喉咙被卡紧。

纠正：

A、调整好呼吸，吸气部位要深，呼气控制，提起软腭，舌根及下腭要松弛；

B、不要加强高音，使声音走向向低宽发展；

C、从自己最自然的中声区，发ɑ、o、e、i、u、ü六个主要元音的延长音，声音要拉开、立住；

D、平时多练习一些柔和的诗歌、民歌、短句等。

鼻音。音色暗淡、枯涩，像感冒声、鼻子堵塞。

原因：口腔开度不够，软腭无力塌下，舌中部抬起使部分气流进入鼻腔，从而失去了部分口腔共鸣。

纠正：

A、关闭鼻腔通路，用打哈欠的感觉将软腭提起，放松舌根、牙关，让后声腔的开度加大；

B、用上述感觉发六个单元音的延长音，发音总趋势是下行的感觉；

C、将16个鼻韵母中的主要元音与鼻韵尾做拆合练习：ang-a-nguan-u-a-nong-n-ging-I-ng；

D、注意少练的音节：有鼻音的人初练声时应该少练/m、n/声母开头的音节和/n、ng/结尾的音节。

捏挤。音色单薄、发扁，声音像从口腔中挤出。

原因：由于舌根下压或舌根僵硬造成喉咙捏挤。此时软腭放得太低，口腔不开。也有人为了追求声音明亮、靠前的效果，喉咙自然吊高升起，产生挤捏。这样的声音加大声带负担，影响声带活动范围，很容易损坏嗓子。

纠正：

A、改变不正确的呼吸方法，采用胸腹联合呼吸法，气息要有一定深度；

B、发音时自然张口，下腭要放松，抬起软腭，放松牙关，进行元音练习；

C、练习时注意字头发音短暂，主要时间用在“韵腹”的拉开、立起阶段：ba、pa、da、ta、bang、dang、zhang、chang、shang、bu、pu；

D、短语：伟大中国、鸟语花香、惊涛骇浪、翻江倒海；

E、夸大三声练习：好、美、满、想、养、厂、请、跑。

喉音。音色生硬、沉重、弹性差。

原因：气息短浅，上胸部紧张，舌根用力，后声腔开得过大，嗓子容易疲劳损伤。

纠正：

A、舌头活动部位要准确，一般舌头的活动主要在舌尖及舌的中部，注意放松喉咙；

B、两肩放松，调整好呼吸，发音时，头位不要过于压低，让音波在口腔中轻轻上提；

C、张口吸气或“半打哈欠”体会喉咙、舌根、下腭放松的感觉；

D、加强唇舌的练习，如/b、p、m、d、t、n、l/和韵母相拼的音节；

E、短诗，如李白的《早发白帝城》。

以上并非全部声音问题，解决方法仅供参考。

5 掌握朗诵、朗读语气

语气是体现朗诵、朗读者立场、态度、个性、情感、心境等起伏变化的语音形式，它是思想感情、词句篇章、语音形式的统一体。有了恰当的语气，才能讲出一连串声音符号，生动、正确地反映出朗诵、朗读者的本意。语气具有综合性，既包括声调、句调，又包括语势。语气是多种多样的，朗诵时要根据表情达意的需要来选择语气。下面举例说明。

从语言的基本单位语句的句型来说，有陈述句、疑问句、感叹句、祈使句四大类。因而在朗诵、朗读时，相应要有陈述语气，疑问语气，感叹语气，祈使语气的区分，如下。

我准备明天到广东出差。（这句话显然是个陈述句，读这句话要用平铺直叙的陈述语气。）

你怎么还没有去上课呀？（这句话是个疑问句，读这句话要用疑惑不解、由衷发问的语气。）

放下武器，举起手来！（这句话是祈使句，读这句话要用声色俱厉、命令的祈使语气。）

从语句表情达意的内容来说有表情语气、表意语气、表态语气三大类。

A、表意语气。通过这种语气，向受众表达自己的意见、意思。用这种语气讲话，句子中通常有相应的语气词，它或者独立成小句，或用于小句末尾，或用于整个句子的末尾，具体如下。

你到哪儿去？（询问）

对这个问题，你意下如何？（反问）

你真的什么都不知道吗？（质问）

这本书借我看几天好吗？（请求）

你昨天怎么旷课啦？（责备）

他们已经到了，我们赶快抓紧时间吧！（催促）

你不要厚颜无耻，妄自尊大！（提醒）

住口，否则我就对你不客气！（命令）

B、表情语气。通过这种语气，向受众表达自己的某种情感，如下。

哎呀，这太好了。（喜悦）

这个人坏透了，简直不可理喻。（愤恨）

这位才华横溢的演讲家走得太早了。（叹息）

这场斗争，打得真漂亮！（赞叹）

我终于明白了。（醒悟）

呸！你这个无耻的小人，竟然出卖老师！（鄙视）

C、表态语气。通过这种语气，向受众表达自己的某种态度，如下。

他确实尽了最大的努力。（肯定）

这件事恐怕难以办到。（不肯定）

我不希望看到那样的结果。（委婉）

你认为这样做行吗？（商量）

这种意见是错误的。（否定）

此外，从表达方式来说，还有叙述、描写、抒情、议论、说明等不同的方式，语气当然也各有不同。再则，从表达的内容和其中蕴涵的思想感情来说，更是千差万别，因而所用语气的刚柔急缓、抑扬顿挫也各不相同。每个人可以根据自己的理解发挥。当然，文化素质的高低直接影响对作品的理解。从根本上说，提升自己的文化素质，才是最关键的。

二 朗诵与演讲的区别

选题上的区别。演讲的选题一定要与社会热点、社会重大问题结合在一起，朗诵不一定。

体裁上的区别。朗诵可以是诗歌、话剧、电影片断、散文，演讲则不一定。

即兴上的区别。演讲有即兴演讲，而朗诵通常是提前写好的作品。

音乐上的区别。朗诵可以配乐，甚至还可以配舞，而演讲要慎用。

艺术上的区别。演讲更注重政治性、时事性、科学性，而朗诵除此之外，更要显示艺术性。

总之，朗诵的内容一般都是诗歌、散文、小说等文学作品，而演讲是一些非文学作品，如社论、书信等。朗诵材料往往会偏向于表现某种思想感情，自然带有明显的文学色彩。朗诵是一种更加精细、高级的有声语言艺术。朗诵者必须具备一定的舞台表演艺术修养，要敢于在大庭广众之中说话，要能正确地发音，有自然的表情，这是朗诵表情达意的重要条件。

此外，朗诵者还必须具备一定的政治思想修养、社会知识修养，这是朗诵表情达意的基础。朗诵艺术就是以上各方面修养的综合体现，缺少哪一方面的修养都不可能成为一个合格的朗诵者。

三 朗诵与朗读的区别

1 诵读含义不同

朗读——清晰响亮地把文章念出来，本质上是一种“念读”，其主旨是将书面文字清晰准确地转换为相应的有声语言传递给听众。它不追求以情动人的艺术表达，而重在以义喻人，即追求听众对朗读文字全面、准确地理解与理智地思考。

朗诵——更高层次的朗读，是一种语言表述的艺术表现形式，要求对文章进行艺术处理，朗诵者借助语速、轻重、停顿等表达技巧，将朗诵材料转换为一种艺术表演，因此具有表演的成分。它呼唤听众的情感共鸣，追求使听众听之入耳、听之入心、听之动情的艺术感染力。

2 使用范围不同

朗读——使用范围较广，凡是文字读物都可以朗读。无论是诗、词、曲、赋，还是散文、小说、戏剧、相声；无论是记叙文、议论文、说明文，还是社论、新闻、打油诗、绕口令、家信、招聘广告、寻人启事、数学物理习题等，无一不可读。

朗诵——使用范围则相对较窄，一般以诗歌、散文为主，少数童话、小说和戏剧也可以朗诵。例如诗朗诵、散文朗诵等，更有专为朗诵写的诗，称为朗诵诗。

朗诵对文稿的艺术特点有相对严格的要求，如社论、寻人启事、数学物理习题等基本不能用来朗诵，否则会让人啼笑皆非。

3/位置身份不同

朗读者——所处的位置是本色化的。朗读者的身份应该是自己，他不完全是文章作者的代表或化身，也不扮演、不替代，更不是演员。朗读时，朗读者置身于场所中的性质没有变化——教室还是教室，田间还是田间，讲台还是讲台，总之还是本源的地方，没有什么特殊变化。

朗诵者——所处的位置是艺术化的。虽然朗读者表面上看没有什么变化，但是实际上已经发生一种富有艺术的变化，形成了一个或几个有形或无形的“表演区”。

“表演区”的性质会随着朗诵内容而发生“时间、空间以及时空转换”的变化，受众也不知不觉地进入了这个特别的“表演区”。朗诵是一门表演艺术，朗诵者是“演员”，扮演成另一个“我”来抒发情感，表达意义。

4/声音要求不同

朗读——对声音再现的要求是：接近自然化、本色化、生活化，又不等同于日常生活中的口语。它比自然口语更准确、更生动、更典型、更具美感。它要求做到“不温不火、恰到好处”。过于夸张会让人产生矫揉造作、装腔作势的感觉；过于平淡，像“唠家常”一样又让人感觉味同嚼蜡，显得乏味，所以一定要把握好这个度。

朗诵——对声音再现的要求是：风格化、个性化，甚至可以戏剧化。它要求朗诵者将自己对作品的理解、体会、感受通过音量大小、音区高低、节奏张弛、实虚相间等方面的声音变化，凝结成一种独特的艺术感染力，深入并撼动受众的心灵。

5 规范程度不同

朗读——受众全面准确地理解表述内容即可，对朗读者的语音和语言技巧没有什么严格的要求。一般情况下，只要求朗读者使用普通话，受众听得清、听得懂即可。在特定环境和特定前提下，在听众能听得明白、准确理解的前提下，使用或穿插方言朗读也是可以的。

朗诵——一定要以语言的艺术魅力感染听众。一般情况下，必须使用标准的普通话，这样才能够艺术地、完美地再现作品的内容和情感。在某些特定环境、特殊人群、追求特定效果的情况下，也可使用非标准普通话朗诵，但是一定要慎用并把握好。

6 形体态势不同

朗读——一般是“念读”式表达。朗读者可以拿着文稿朗读，在整个朗读过程中，对朗读者的形体、手势、眼神、表情等均无明确的要求，可以站着读，也可以坐着读，更可以一边走一边读。朗读者的任务是传达文稿的内容，而不需要刻意地表演。

朗诵——属于艺术性的表演。它要求朗诵者在朗诵的过程中做到形体、手势、眼神、表情的协调配合，传情达意，以辅助和强化朗诵的艺术感染力。因此，朗诵必须脱稿表达，因为手持文稿不利于肢体、态势的发挥及协调配合；另外，过多地看稿还会限制朗诵者表情、眼神的发挥，以及与受众之间的交流。

再补充一点：在某种特定的需求下，可以用坐姿或根据文稿需要的态势进行朗诵，而不一定一律为站姿。

7 教育性质不同

朗读——是一种思想、信息的传递。作为一种教育形式，朗读的主要作用是向受众传达作品的内容，以及作品中蕴涵的思想性、知识性，直接对受众进行思想教育和知识教育。

朗诵——是一种思想、信息的艺术感染力。它借助朗诵者独具魅力的音质、音色和鲜明流畅的语流、节奏，以及丰富熟练的语言技巧，为朗诵作品插上美丽的翅膀，传播悦耳的声音，飞向受众的视听感官，震撼受众的心灵深处，产生一种勾魂摄魄的精神力量，展现一幅身临其境的美丽画卷。

这种真善美的征服力、感染力、震撼力是朗诵的最高境界，也是朗诵艺术价值的充分体现。

因此，从朗读和朗诵的难易程度上来说，我们有以下建议。

初学者——先练朗读，再练朗诵。

善学者——熟中生巧，多种体裁。

四 杂文的朗读范文

杂文，是一种能直接快速反映社会动向和个人思想观点的文艺性论文。杂文的特点是“杂而有文”、短小精悍、词语锋利、意味隽永，赋予文艺工作者艺术色彩和诗一般的语言，它具有独特的艺术感染力。在剧烈的社会博弈中，在人的思想斗争中，它又是一种战斗的利器，像匕首、投枪、手榴弹。

下面我们推荐几篇杂文，供您练习。

1《傅雷家书》

《傅雷家书》是翟杰老师在新中国成立后的第一家新华书店工作时，特别推崇的一本书。它是我国著名文学艺术翻译家傅雷及夫人在1954～1966年间写给孩子的家信摘编。

傅雷是我国当代著名的翻译家、文艺评论家，一生译著宏富，翻译作品达30余部。

《傅雷家书》是一本优秀的青年思想修养读物，是素质教育的经典范本，是充满着父爱的教子名篇。

《傅雷家书》教育孩子先做人，后成“家”，是培养孩子独立思考，因材施教等教育思想的成功体现。

因此，傅雷夫妇也成为中国当代教子成才的父母典范。

《傅雷家书》摘选

（一九五四年三月二十四日上午）

在公共团体中，赶任务而妨碍正常学习是免不了的，这一点我早料到。一切只有你自己用坚定的意志和立场，向领导婉转而有力地去争取，否则出国的准备又能做到多少呢？——特别是乐理方面，我一直放心不下。从今以后，处处都要靠你个人的毅力、信念与意志——实践的意志。

另外一点我可以告诉你：就是我一生任何时期，闹恋爱最热烈的时候，也没有忘却对学问的忠诚。学问第一，艺术第一，真理第一，爱情第二，这是我至此为止没有变过的原则。你的情形与我不同：少年得志，更要想到“盛名之下，其实难副”，更要战战兢兢，不负国人对你的期望。你对政府的感激，只有用行动来表现才算是真正的感激！我想你心目中的上帝一定也是Bach（巴赫），Beethoven（贝多芬），Chopin（肖邦）等第一，爱人第二。既然如此，你目前所能支配的精力与时间，只能贡献给你第一个偶像，还轮不到第二个神明。你说是不是？可惜你没有早学好写作的技术，否则过剩的感情就可用写作（乐曲）来发泄，一个艺术家必须能把自己的感情“升华”，才能于人有益。我决不是看了来信，夸张你的苦闷，因而着急；但我知道你多少是有苦闷的，我随便和你谈谈，也许能帮助你廓清一些心情。

2 《天地人·精气神·真善美》

中国演讲教育艺术泰斗李燕杰教授是翟杰老师的恩师，每当翟杰老师有新书出版，他都欣然为翟杰老师作序，体现了一位学者、师者、长者对翟杰老师的关怀与培养。非常遗憾的是，老人家于2017年11月16日仙逝，不能再为翟杰老师这本书作序了，为了纪念他的教诲，翟杰老师将李燕杰教授为《翟杰话说鬼谷子》一书所作的序言，摘录如下。

翟杰，是我门下的大弟子。他在我众多的学生中，堪称佼佼者。他能写，写书近二十本；能讲，演讲几千场；能干，积极办班、办会；能主持，主持过无数大型会议和国家重要活动，受到热烈欢迎与好评。

最近，翟杰又把他的主讲课程《鬼谷子》拍成电视连续剧，我为有这样的弟子感到高兴。人们讲：“他是众多山峰中一座独秀

峰。”我经常说：“当老师的，应当为培养出超过自己的学生而感到自豪与骄傲。”

我生长在国学之家，家父于1925年在清华大学以梁启超、王国维、陈寅恪、赵元任为师，1928年在北京大学以三沈、二马、两周（沈尹默、沈兼士、沈士元、马衡、马裕藻、周树人、周作人）为师。我自幼学习三玄、四书两经，即《易经》《道德经》《南华经》《大学》《中庸》《论语》《孟子》乃至《黄帝内经》《山海经》等。后来在大学讲中国文学史，在海内外讲中国文化史，又在中国书店讲中国图书史，在上述三史教学中，又接触到企业家、政治家，顺便又研究中国的谋略家，包括姜太公、鬼谷子、孙武子、陶朱公、黄石公、诸葛亮、魏征、刘伯温、曾国藩、胡雪岩等。

中国是一个智慧大国，鬼谷子是一位值得研究的谋略家，他的智慧、实践对后人多有启示。特别是我在清华、北大的企业家国学班讲课以来，听众对他十分感兴趣。我把前人智慧的火炬拿在手里，让它熊熊燃起，一代又一代地传下去。

近年来，翟杰不仅在高校、企业、机关讲学，甚至还远渡重洋代表中国学者到美国哈佛、加州大学，英国剑桥、牛津等国外高等学府，传播中华智慧，他讲鬼谷子、讲陶朱公、讲墨子，又写成了这部评书体的专著《翟杰话说鬼谷子》，我更为此而感到欣慰。

鬼谷子，是一位活跃在我国春秋战国时代的谋略家。他曾经在官场上有一段政治斗争经验，后来又隐居山林，潜心治学，传道授徒，在著书教学期间形成《鬼谷子》一书，被称为“智慧奇书”。这部书在传统文化中，独具特色，被人们称为乱世之哲学，求胜之谋略。

鬼谷子是伟大的，他不仅培养出苏秦、张仪等世界一流的外交

清華園
清华拜师
自幼学习三玄、四书两经
易经
中庸
中国图书史
讲解中国图书史

家，还培养出了孙膑、庞涓等世界一流的军事家，这些人都是在战国时期举足轻重的人物。

翟杰在讲课中，较全面地介绍了鬼谷子的生平，同时讲了鬼谷子的谋略与智慧，特别是能紧密联系当今国际政治、经济形势，对当今从政经商者、提升口才者、外交谈判者、销售管理者都会有很大的帮助。

翟杰讲课不是坐而论道，而是理论联系实际，既可增长学识，又很实用。他在讲课中，能够理论联系实际，所传导的谋略与方法，是切实可行，又行之有效的。

《翟杰话说鬼谷子》这本力作即将出版，我愿为之写序，向广大读者推介。我相信翟杰这本新著，将是一本开启人类智慧的好书，读者一定会在多方面从中受益。是以为序。

李燕杰

2015年6月

北京神州智慧传习馆

天地人·精气神·真善美

作者　李燕杰

天·地·人

西方社会讲上帝、自然、人权，是讲天、地、人。

中国古代文化讲天道、地道、人道，是讲天、地、人。

老子讲：人法地，地法天，天法道，道法自然，是讲天、地、人。

今天，企业家、军事家讲天时、地利、人和，也是讲天、地、人。

总之，不只讲天和地，更要讲人。讲人与天，讲人与地，更讲人与人的关系。

为此，我主张今天讲教育改革观念，也要讲教育如何适应天、地、人，讲中国的教育如何在天、地、人中找到自己的坐标位，进而要研究如何把握这个世界，适应这个时代。

精·气·神

精：先天之精，元精也。元精无形，寓于元神、元气之中，内流全体而不息，润行百骸而不枯。

气：先天之气，元气也。乃先乎天地之气也；后天气者，即呼吸之气也。

先天之气如木之根本，后天之气如木之枝梢。先天之气主易，后天之气主断，气断则命绝。

神：先天之神，元神也；后天之神，识神也。先天固有之真性，本寓于先天元神中。

神者，示也，田也，上通天，下入地，立于天地之中也。中国传统文化，视精、气、神为修“性”与“命”，即性、命双修。

性即人性、德行与理性的统一。

命，即生命。

有了精、气、神，则利于性、命双修。

既要有一种内在，又要有一种外在，即身心健康。经过修养磨炼，逐渐达到延长寿命，并提高生命质量。

生命时间——强调寿命长短

生命质量——关注贡献大小

生命素质——健康状况

生命环境——人际关系

总之，有生，才有命。有了生命，才谈得到福、禄、寿、禧等。

如果说，过去人们追求福、禄、寿、禧，纯粹为个人，那么今天，在加入WTO后，就要为国家、为民族。

无论事业与健康，都不单纯属于个人，有了精、气、神，是为了搞好事业，报效祖国。

真·善·美

人的一生要追求至真、至善、至美。

真：真实，科学。真实是人生的命脉，是一切价值的根基。

世界上的一切，没有比真实、真诚、真切更可贵、更可爱的了。

善：善良，道德。善是讲人的内心、人的自律。善就是凭良心做事。

美：美好、美丽、审美。

美像真理一样，最朴实，最有光辉，最有魅力。美的事物，给人以永恒的喜悦。

十全十美是上天的尺度，而努力实现十全十美这种愿望，则是人类的尺度。

爱因斯坦说：“有些理想为我们指引过道路，并不断给我们新的勇气以欣然面对人生。那些理想就是真、善、美。”

我主张：求真求善又求美，立德立言又立功。

人与动物的区别标志是什么？考古学家认为是使用工具，哲学家认为是劳动，文学家认为是语言文化，生理学家认为是大脑，心理学家认为是智慧。

人之为人的标志是能够进行智慧的创造。工具是人创造的，人的劳动是创造性表现的具体形式，语言文化是创造的结果，智能的最高层次是创造力。正因为人能创造，所以成为万物之灵。

人之所以成为地球村的主人，根本在于人类思维的发达。

论躯体，人比不过鲸鱼；论力气，人远不如大象；论灵性，人不如猴子；论游泳，人不如鱼；论奔跑，人不如马；论飞翔，人又不如鹰。

然而，因为人能创造，所以成为万物之灵。

创造的前提是人类独有的智慧，智慧的前提是必须有相应的素质。

雪莱曾问自己的学生："什么叫大学？"

学生答："大学是智慧。"

大学之所以为大学，不在于有大楼，而在于有大师；大师不在书多，而在于有智慧。

有人问爱因斯坦："什么是科学？"

他回答："科学是智慧。"

什么是哲学？

查到古希腊语原始含义，它会告诉你，哲学也是智慧。

今天研究教育改革，正是需要不断地培养青少年的智慧。

人之所以到矿山中去淘金，是由于人有对物质利益的渴望。

人之所以需要智慧，是因为人希望自己活得明智一些，活得幸福一些。

在国际交往中，弱国无外交；在竞争中，智者胜。

落后，就要挨打；

落后，就要受气；

落后，就要受欺负；

落后，就要罚出球场；

落后，就要被开除“球籍”。

推荐朗读练习：

《卖火柴的小女孩》　作者：安徒生

五　诗词与散文朗诵

赠汪伦

李白

李白乘舟将欲行，
忽闻岸上踏歌声。
桃花潭水深千尺，
不及汪伦送我情。

再别康桥

徐志摩

轻轻的我走了，
正如我轻轻的来；
我轻轻的招手，
作别西天的云彩。
那河畔的金柳，

是夕阳中的新娘；
波光里的艳影，
在我的心头荡漾。
软泥上的青荇，
油油的在水底招摇；
在康河的柔波里，
我甘心做一条水草！
那榆荫下的一潭，
不是清泉，是天上虹；
揉碎在浮藻间，
沉淀着彩虹似的梦。
寻梦？撑一支长篙，
向青草更青处漫溯；
满载一船星辉，
在星辉斑斓里放歌。
但我不能放歌，
悄悄是别离的笙箫；
夏虫也为我沉默，
沉默是今晚的康桥！
悄悄的我走了，
正如我悄悄的来；
我挥一挥衣袖，
不带走一片云彩。

推荐朗读练习：

1. 《当你从我的窗下走过》　作者：舒婷
2. 《雷锋之歌》　作者：贺敬之
3. 《海燕》　作者：高尔基

第五般口才

沟通口才 PK 鬼斧神工

一 沟通口才——基本方法

1 沟通的目的

了解并控制对象的行为；
激励并帮助对方创绩效；
表达并互动正确的情感；
流通并畅通有效的信息。

2 沟通的效用

积极乐观的沟通语言会令人喜欢；
充满自信的沟通赢得他人的信任；
常怀感恩之心是沟通口才的动力。

3 沟通前准备

全方位读懂你的沟通对象；
准确定位自己在沟通中的角色；
牢记你沟通的目的；
知识积累与经验积累。

4 沟通的原则

真实是沟通中的首要原则；
讲信用是沟通成功的秘诀；

主动沟通比被动沟通要好；

沟通中的语言应充满真情。

5 沟通的技巧

善于发问，知彼知己；

听话听声，锣鼓听音；

轻松幽默，彰显智慧；

投其所好，选准话题；

圆满结束，回味无穷；

学会道歉，知错认错；

学会点头，默许认知；

学会委婉，润物无声。

6 沟通的禁忌

不尊重他人

胡言且乱语

逞口舌之能

妄自又尊大

怀自卑心理

7 沟通三部曲

说：是有效沟通的第一重要语言。

言之有理

言之有据

言之有效

听：是有效沟通的一种特殊语言。

专心倾听：放下一切、心无旁骛；

细心倾听：弦外之音、揣摩潜词；

善于倾听：分辨正误、提炼重点；

默默倾听：全神贯注、目不转睛；

回应倾听：微笑点头、插话肢体。

问：是有效沟通的一个特别智慧。

问对方关心的问题

问对方专业的问题

问对方自豪的问题

问对方惊喜的问题

问对方思考的问题

问对方愿说的问题

8 沟通的层次

阻断与抗拒。这个层次现象的沟通是完全无效的。类似我们常说的冥顽不灵、顽固不化。一般多见于情绪激动、应急、歇斯底里等情况。常听到的交流语言信号为：“哼！”“你凭什么这么说！”。

鸿沟与隔阂。这个层次现象的沟通信息的接受与传递，往往只是信息的发布与传达，效果完全取决于接受者的自我认识与重视程度。所谓“鸿沟”现象是指在沟通过程中，基本为单方交流，就像两个人站在天堑的两边，始终无法共同面对与平等交流，之间就像有一个天然的“鸿沟”。类似我们说的耳边风或填鸭，也就是只有“沟”没有“通”的现象。一般多见于领导训话、指令颁布等。常听到的语言信号为：“哦”“嗯”“啊”。

桥梁与梯子。这个层次现象的沟通信息的接受与传递在互动过中得到磨合以达成共识。所谓桥梁与梯子效应是指经过互动与信息的碰撞与磨合，使双方可以逾越“鸿沟”形成共识，就像有一个可以用于双向交流的桥梁和梯子。类似我们说的讨论、争辩、交流等情况。一般多见于经验交流、共同协作完成某项任务等。常听到的语言信号为：“你是什么感觉？”“说说你的看法”。

发出与回应。这个层次现象已经跳出了基本沟通，它是融合了对人最根本心理需求的体察与人性化的运用，是确实有效的沟通，也是沟通的艺术，使其变成一种享受而不再是工作。类似我们说的发自内心的交流、自然的沟通等情况。常听到的语言信号为：“我们相互信任，并且经过讨论，我想我们已经达成了共识”，“请稍等，我5分钟后与你讨论”。

二 上行沟通——谦虚尊重

1 上行沟通的基本口吻

找到领导关心的问题

选择恰当的沟通时机

采用请示建设性语言

2 上行沟通的原则

以绩效为本：知、愿、能、行。

总体风格：不卑不亢。

沟通要领：提供完善的方案、尊重上司、服从上司、合理建议。

3 上行沟通的一般技巧

一般不宜多讲，除非上司想听；

若上司意见与你相同，应积极回应；

若上司意见与你相左，应先表示明白；

若你持反对意见，不要顶撞，要采取委婉或说明的方式陈述，本着尊重上司的原则。

4 上行沟通的时机

当一项工作取得阶段性成果或发生特殊情况时，准备充分（数据、实物、图表），及时汇报，事实真实准确。

倒金字塔：结论——理由——过程的顺序汇报

领导习惯的工作时间；

领导接受的汇报时间；

现场人员构成？人数多少？

5 上行沟通的基本态度

尊重但不吹捧

请示但不依赖

主动但不越权

6 上行领导风格特征

控制型：直接下命令，不允许部下违背自己的意志，关注工作结果而不是过程。

沟通技巧：简明扼要、干净利索、直截了当、开门见山、称赞成就。

互动型：亲切友善地与部下相处，愿意聆听部下的困难和要求，

大、大、大王，那个图表和数据是……是……今年的……
太啰嗦了
卿虽然语言过多，但图表做得还是不错的。
啊……
希望下次能有更好的表述，加油！
大王圣明！

努力营造和谐的工作氛围。

沟通技巧：言之有物地公开，真诚赞美，大胆倾诉，与之交心。

求是型：按照自己的行事标准要求部下，注重问题的细节，善于理性思考。

沟通技巧：直接谈他感兴趣的实质性问题或直接回答他提出的问题，汇报时，多就一些关键问题的细节加以说明。

三 下行沟通——平易近人

用赞美与下属沟通

用表情与下属沟通

用批评与下属沟通

用理解与下属沟通

用宽容与下属沟通

四 平行沟通——平等协商

1 内部平级沟通较难的原因

看重自己及部门的价值，忽视他人或部门的价值；

不能设身处地对待其他部门的人和工作；

没有权利的强制性；

职权划分的问题；

人性的弱点：推卸责任；

员工之间冲突，唯恐他人比自己强。

2 平级之间沟通的四种形式

坚持原则，维护自己的合理权利；

积极地提出要求，采取直截了当的态度；

拒绝的技巧；

积极明确地表明不同意见。

3 平级之间如何积极地沟通

初心定位——以善意沟通为原则

态度定位——以互相尊重为前提

语言定位——以和善语言为标准

期许定位——以解决问题为目的

4 针对内部同级沟通的建议

建立合作，公平竞赛。

五 职业沟通——职业特性

与工人沟通：真诚实在；

与农民沟通：朴实自然；

与干部沟通：郑重谨慎；

与军人沟通：简单直接。

六 性格沟通——因人制宜

我们生命中的第一声啼哭，就形成了我们的先天性格。人的八种智能组成人的性格：语言文字智能、音乐节奏智能、数学逻辑智能、图形空间智能、身体协调智能、人际交往智能、自我认识智能、自然主义智能。

性格就像一个万花筒，性格就像天上的彩虹。现代科学家将性格按火、土、水、风四大元素来分类。我们引用这种分类法，给我们的性格配置相应的色码。在我们的色码中：红色代表火，蓝色代表土，白色代表水，黄色代表风。

哈特曼性格素描档案
——性格的力量与局限的几点说明

除非题目已经有明示，否则请尽量按照你最早的回忆来回答问题。由于你的性格是先天的，跟随你的灵魂而来，这样做，才能提供更精确的透视，从“后天的你”当中，凸显“先天的你”。

先做一看就会的题，把比较难的先放下，回头再完成。

别犹豫、也别参考他人的答案，不要和别人研究，只管自己填写；否则，受别人的影响，会对测试结果产生偏差。

果敢地标出你感觉最熟悉的想法和行动。也许你的潜意识想逃避，不愿意面对真实的自我；这时，要求您本着实事求是，对自己负责任的态度，一定要把他揪出来，不要因为面子而欺骗自己，这样做，吃亏的一定是你自己。

几点说明：

（1）在最符合你的词句上打“√”。

（2）每组只选一个答案。

（3）做完全部30道题后，分别把各个字母的数目加总。

① A（ ）固执己见 B（ ）中规中矩
C（ ）异想天开 D（ ）口无遮拦

② A（ ）唯权利主义 B（ ）唯完美主义
C（ ）无可无不可 D（ ）以自我为中心

③ A（ ）善于支配 B（ ）富于同情
C（ ）宽容谅解 D（ ）热情澎湃

④ A（ ）自得自满 B（ ）疑神疑鬼
C（ ）多有保留 D（ ）天真无邪

⑤ A（ ）果决的 B（ ）忠诚的
C（ ）安分的 D（ ）戏谑的

⑥ A（ ）盛气凌人 B（ ）自寻烦恼
C（ ）沉默顽固 D（ ）轻浮游移

⑦ A（ ）武断的 B（ ）可靠的
C（ ）仁慈的 D（ ）活跃的

⑧ A（ ）颐指气使 B（ ）自我检讨
C（ ）懒得啰嗦 D（ ）喜欢作弄

⑨ A（ ）行动派 B（ ）分析派
C（ ）随和派 D（ ）无忧派

⑩ A（ ）指责他人 B（ ）过分敏感
C（ ）羞羞答答 D（ ）叽叽呱呱

⑪ A（ ）自有决断 B（ ）顾虑细节

C（　）善于聆听　　D（　）喜与众乐

⑫ A（　）要求索取　　B（　）拒不原谅

C（　）缺乏动机　　D（　）爱慕虚荣

⑬ A（　）负责任的　　B（　）有理想的

C（　）体谅人的　　D（　）笑呵呵的

⑭ A（　）烦躁型　　B（　）情绪型

C（　）被动型　　D（　）冲动型

⑮ A（　）意志坚决　　B（　）毕恭毕敬

C（　）耐心坚忍　　D（　）妙趣横生

⑯ A（　）好争论　　B（　）超现实

C（　）没头绪　　D（　）爱插嘴

⑰ A（　）独立的　　B（　）可靠的

C（　）平和的　　D（　）可信的

⑱ A（　）积极　　B（　）抑郁

C（　）矛盾　　D（　）忘仇

⑲ A（　）强而有力　　B（　）细腻有致

C（　）温柔敦厚　　D（　）风流乐观

⑳ A（　）大而化之的　　B（　）好评断他人的

C（　）索然无味的　　D（　）没有纪律的

㉑ A（　）逻辑性的　　B（　）感性

C（　）亲和的　　D（　）与人打成一片

㉒ A（　）总是对的　　B（　）常感内疚

C（　）缺乏热忱　　D（　）不予承诺

㉓ A（　）务实　　B（　）端庄

C（　）逆来顺受　　D（　）自然

㉔ A（ ）铁石心肠　B（ ）深思远虑
C（ ）不愿涉入　D（ ）喜爱表现

㉕ A（ ）计划　B（ ）诚挚
C（ ）圆滑　D（ ）生气

㉖ A（ ）不善迂回　B（ ）不易迂回
C（ ）慵懒不勤　D（ ）大声招徕

㉗ A（ ）直截了当　B（ ）充满创意
C（ ）适应性强　D（ ）天生演员

㉘ A（ ）处心积虑　B（ ）自以为是
C（ ）自我否决　D（ ）杂乱无章

㉙ A（ ）信心十足　B（ ）训练有素
C（ ）悦人悦己　D（ ）魅力十足

㉚ A（ ）容易担心　B（ ）仔细
C（ ）不事生产　D（ ）怕面对事实

把总数填在相应的空格内。现在，将下面各个情境下你的反应方式，用“√”号记录在字母的前面。

情境测试

㉛ 你去求职，如果雇主肯用你，你认为最可能的理由是因为你：

A（ ）有活力，直截了当，而且有鞭策力。

B（ ）心思细腻，论事精确，而且为人可靠。

C（ ）有耐心，适应性强，而且知道如何适应眼前的状况。

D（ ）妙趣横生，奕奕有神，而且一见如故。

㉜ 恋爱的亲密关系中，如果你感受到对方的威胁，你会：

A（ ）举出事实，反击之，而且发怒。

B（ ）哭泣，觉得受伤而且计划报复。

C（ ）变得沉默、退缩、压抑怒气，下一次再借题发挥。

D（ ）敬而远之，以避免进一步的冲突。

㉝ 对你来说，生命最有意义的时刻，就在：

A（ ）工作按计划进行，效率高的时候。

B（ ）人们熙熙攘攘，目的明确的时候。

C（ ）没有压力，不觉得紧张的时候。

D（ ）任我嬉戏、优游，乐天的时候。

㉞ 在你小的时候，你是：

A（ ）倔强、聪明以及/或者进取。

B（ ）乖巧、关怀以及/或者忧郁。

C（ ）静默、随遇而安以及/或者羞怯。

D（ ）话太多、快乐以及/或者爱玩。

㉟ 长大以后的你是：

A（ ）固执己见、有决心以及/或者颐指气使。

B（ ）负责任、诚实以及/或者难得原谅人。

C（ ）逆来顺受、自得以及/或者缺乏动机。

D（ ）魅力十足、肯定以及/或者叽叽呱呱。

㊱ 身为父母，你是：

A（ ）要求严厉、性急或者不肯妥协。

B（ ）关心、敏感或者爱挑剔。

C（ ）宽纵、容易被说动或者经常崩溃。

D（ ）爱嬉戏、不严肃或者不负责任。

㊲ 与朋友争论时，你经常：

A（　）事实俱在却死鸭子嘴硬。

B（　）关心对方的感觉和原则。

C（　）沉默顽固、不爽以及/或者心思混乱没有头绪。

D（　）大嗓门、不爽以及/或者向对方妥协。

㊳ 如果朋友有困难，你会：

A（　）保护他，多方设法，而且提议解决之道。

B（　）关切、投入、忠心耿耿——不论难题有多大。

C（　）支持他、有耐性，并且做一个好听众。

D（　）不做判断、乐观，并且淡化其严重性。

㊴ 当你做决定时，你是：

A（　）武断，明确而且有逻辑性。

B（　）细腻，精准而且小心翼翼。

C（　）彷徨，畏缩而且勉为其难。

D（　）冲动，不甘心承诺而且前后不一致。

㊵ 当你失败时，你会：

A（　）暗地自我批评，但是嘴硬而且狡辩不休。

B（　）愧疚、自我批评，而且容易沉溺在压抑中。

C（　）惊慌失措、害怕，但是不动声色。

D（　）觉得难堪、神经兮兮，但愿能逃之夭夭。

㊶ 如果有人惹恼你时：

A（　）我会冒火，并且精心策划快速的报仇方法。

B（　）我会深深感受到伤害，觉得几无宽宥的可能。一般而言，连报仇都闲便宜对方。

C（　）我会暗地感到受伤，并筹谋报复或者完全避开那家伙。

D（ ）我会避免摊牌，因为那还不到值得的地步，或者去找新朋友。

㊷ 你在工作时：

A（ ）把时间花在最有回报上的工作方式。

B（ ）健康的活动，要做就要把它做好，应该先工作，后游戏。

C（ ）只要是我喜爱的，而且不必有完成压力的，那么它就是一项正面的活动。

D（ ）心里不喜欢但是必须要做的，远远不如玩乐有趣。

㊸ 在社交场合你最常常：

A（ ）使人畏惧。　B（ ）受人钦慕。

C（ ）受人保护。　D（ ）被人嫉妒。

㊹ 在男女关系中，你最在意的是：

A（ ）得到认可，而且证明正确。

B（ ）得到了解、欣赏和亲密。

C（ ）得到尊重、宽宥和静谧。

D（ ）被赞美，有情趣，而且觉得自由。

㊺ 为了活得有意思，你寻求：

A（ ）探险、驾驭事物和做惊人之举。

B（ ）安稳、创造性和有意义。

C（ ）接纳和安全。

D（ ）刺激、寓工作于娱乐以及他人的陪伴。

情境的积分

A的总数（ ）　　B的总数（ ）

C的总数（ ）　　D的总数（ ）

现在，把1—30题和31—45题的数目，加总在一起。

同时，把四总类型的性格本色，依照字母分别搭配起来：

红为“A”　蓝为“B”　白为“C”　黄为“D”。

全部的总分数

红A（ ）　蓝B（ ）　白C（ ）　黄D（ ）

得分的解释

（1）数目最大的字母，反映了你的先天性格。

（2）不同字母栏内的得分，暗示你的性格中所具有的掺杂比例。

（3）你的基础性格只有一种，但是，从行为上而言，你可能会有混合的两种性格，这是根据你的反映模式得来的。

（4）万一你在词句选择部分的得分，与情境部分的得分，出现了实质上的差别，那么，你可以在翟杰老师的课程《鬼谷子性格分析》中，得到进一步的指引。

现在，您已经了解了您的基础性格，但是：

您性格的特征是什么？您性格的优势和劣势是什么？

您的性格适合选择什么职业？您的性格适合选择什么样的爱人？

您的性格在人际交往中应注意什么问题？

您与各类性格的人有哪些不同？

如何使自己的性格更加完美？您将以怎样的语言方式与人沟通？等等……这些问题，我们将通过下面的性格分析为您做出回答。

由此，我们得到一张性格身份证：红、蓝、白、黄，您是其中之一。

红色代表活泼型，蓝色代表完美型，白色代表和平型，黄色代表力量型。

1/ 活泼型性格：外向、多言、乐观。

予人好感、聚会的灵魂、美好的回忆、热情洋溢、好表现、舞台上人才、现实、诚挚、健谈、幽默感、情绪化及感情外露、高兴、得意扬扬、天真无邪、性情善变、孩子气、工作主动、找寻新事务、注重表面、富有创造性、多姿多彩、充满干劲、积极性、闪电式开始、鼓励他人参与、吸引他人工作。

活泼型——快乐

让我们与活泼型一起快乐。这个世界需要活泼型！

遇到麻烦时他会给你带来欢欣，
身心疲乏时他会让你倍感轻松；
他的聪明主张会让你如释重负，
他的幽默话语会让你气爽神清；
他能拨开云雾驱散你心中愁云，
他的热情会让你精力无尽无穷；
他的创意魅力能为你增添色彩，
他的童真会让你摆脱一切困境。

与活泼型性格的人语言沟通，多用热情的语言。

2/ 完美型性格：内向、思考者、悲观。

深思熟虑、善于分析、有天分、富音乐艺术细胞、追求完美、自我牺牲、理想主义、严肃、有目标、富有创造能力、冷静富有诗意、对他人反应敏感、有责任心、预先做计划、注重细节、有条有理有组织、讲求经济效益、有创造性的解决方法、善用图表、数据、目录、完美主义、高标准、善始善终、整洁、善于发现问题、勤俭节约、分析问题。

完美型——统筹

让我们与完美型一起统筹。这个世界需要完美型!

洞悉人类心灵世界的敏锐目光,

对世界真美善的艺术品味欣赏;

具有细致缜密完善的统筹才华,

任何事都做得圆满成功尽辉煌;

复杂问题能够有条不紊地分析,

细微处能够洞察出智慧的光芒;

做事心中始终有一个明确目标,

值得做的事都会做的纲举目张。

与完美型性格的人语言沟通,多用逻辑性语言。

3 和平型性格:内向、旁观者、悲观。

易相处、轻松、耐心、易适应、平静、诙谐、隐藏内心的情绪、面面俱到、性格低调、平静、镇静、泰然自若、一成不变的生活、仁慈善良、乐天知命、熟悉可靠、平和无异议、有行政能力、调解问题、避免冲突、善于面对压力、寻求容易的解决方法、容易相处、开心愉快、无攻击性、好的聆听者、尖刻的幽默、喜欢旁观、有很多朋友、同情、关心。

和平型——轻松

让我们与和平型一起轻松。这个世界多么需要和平型！
稳定保持原则耐心忍受惹事者，
平静对待人事物聆听他人诉说；
天赋的协调能力让他化险为夷，
让仇家和睦为友化干戈为玉帛；
为达到和平尽职尽责全力以赴，
安慰受伤者帮助受难者善说合；
所有人都惶恐时仍能从容不迫，
鸡蛋挑骨头都找不到你的过错。

与和平型性格的人语言沟通，多用和缓性语言。

4 力量型性格：外向、行动者、乐观。

天生领导者、活力充沛且主动、急迫需要改变、不容有错、意志坚决、果断、非情绪化、不易气馁、自立自足、充满自信、能运作一切、目标主导、纵观全局、善于管理、寻求实际的解决方法、行动迅速、委派工作、坚持生产、设定目标、促成行动、越挫越奋、行使领导权、设定目标、促动家人行动、知道正确答案、管理家务、不大需要朋友、为团体而工作、会领导及组织、总是正确、善于应变。

力量型——行动

让我们与力量型一起行动。这个世界多么需要力量型！
当难以把握时有坚定的控制力，
当遇到迷惘时有超人的决断力；

他会带领人们自信地走向明天，
充满疑虑时他会把握每个时机；
面对批评时他会坚守独自立场，
面对嘲笑时他会始终坚持真理；
误入迷途时他会指明前行航向，
面对困难时他会奋勇高举旗帜。

与力量型性格的人语言沟通，多用谦逊性语言。

在进一步深入的测试中会发现，人的最基本性格，一定是这四种性格其中的一种，只是他们在性格色彩中的差别非常微弱而已。但是在进一步调查和研究中还发现，有一种人，他的性格特点中，四种现象都不是很突出，而是出现相对平衡的现象，我们将这种性格称之为混合型性格。混合型性格绝大多数是天生的，但是也有一少部分是后天形成的。

与混合型性格的人语言沟通，多用兼容性语言。

七 自我沟通——扪心自问

出发点是什么？
目的地在哪里？
过程很惬意吗？
对得起他人吗？
对得起自己吗？
对得起良心吗？

值得继续做吗？

要选择放弃吗？

必须要宽容吗？

必须要惩治吗？

沟通都是双向或多向的，包括自我沟通。在自我沟通时，通常是一个外在的自我与内在的自我进行沟通，也可以称之为心理的沟通。这类沟通的语言，有时是有声有形的，有时是无声无形的。因此，我们在自我沟通时，既要知彼，更要知己。在知彼知己的过程中，可能您对某一种性格比较欣赏，试图要改变自己的性格，向某一种性格方向发展，这是很难的，但也不是不可能的。不过您要做好巨大付出的心理准备，因为毕竟——江山易改，本性难移。

下面我们就集中介绍性格后天塑造的问题。

活泼型后天性格塑造。活泼型性格的人，统筹性较弱。如果您是活泼型，就要加强统筹性。

减少说话，话到嘴边留半句；

关注他人，注意对方的信号；

言简意赅，讲话要注意条理。

完美型后天性格塑造。完美型性格的人，容易抑郁。如果你是完美型，就要努力让自己快乐起来。

对别人的讲话，不要过于敏感；

对别人的讲话，不要过于挑剔；

有些事情，不要斤斤计较，抓大放小；

该决定的时候，不要优柔寡断；

适当放宽标准，适当宽容他人。

和平型后天性格塑造。和平型性格的人，容易悲观。如果您是和平型性格的人，要努力让自己振奋起来。

适时多讲话；

学会表达你的感受和心愿；

关键时刻，要有主见；

学会拒绝他人的不当言行。

力量型后天性格塑造。力量型性格的人，行动力强。如果您是力量型性格的人，要努力让自己的言行缓和下来。

学会运用放松的语言；

减低对别人的压力；

在娱乐活动中与人沟通；

适当响应他人号召；

减少支配性语言；

学会道歉，承认缺点。

性格单一的人类多么可怕，多姿多彩的世界更加美丽。

八 地域沟通——因地制宜

华东人比较精明：讲话时要字斟句酌；

华南人比较实际：讲话时要务实落地；

西北人比较朴实：讲话时要真诚直接；

华北人比较谨慎：讲话时要谨言慎行；

东北人比较豪爽：讲话时要潇洒旷达。

九 沟通口才——万能秘诀

沟通口才六要素

1. 学会问
2. 找共性

   从职业上找共性

   从年龄上找共性

   从姓氏上找共性

   从地域上找共性

   从职业上找共性

   从性别上找共性

   从爱好上找共性
3. 多才艺

   诗词歌赋

   文化体育

   戏曲曲艺

   民风民俗
4. 会赞美
5. 多礼让

   礼多人不怪

   让人三分利
6. 套近乎

第六般口才

谈判口才

PK

严于斧钺

谈判口才：决定一件事、一个共识、一笔生意、一项合作的成败。因此，在谈判口才上要认真修炼。

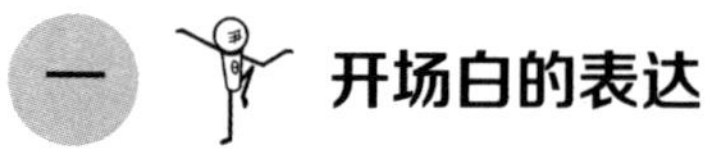

一 开场白的表达

寒暄艺术：学会寒暄，缓解气氛，为谈判打下一个良好和谐的基础。

飞箝赞美：欣赏对方，获得好感，为谈判创造双方认可欣赏的氛围。

一见如故：拉近距离，密切关系，为谈判建立一个共融互通的环境。

单刀直入：豪爽旷达，真情出场，为谈判开创一个真诚坦率的局面。

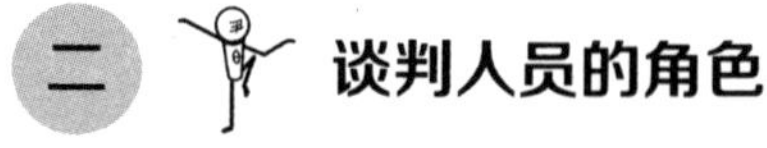

二 谈判人员的角色

首席代表：最具专业水平，但是职位未必最高。体现成员的专业性。

白脸角色：同情理解对方，必要让步使对方放松。蕴含成员的通融性。

红脸角色：削弱对方优势，胁迫对方或中止谈判。展现成员的原则性。

清道夫：善于总结圆场，防止偏题使谈判顺畅。保证谈判的合理性。

观察者：观察记录过程，有时是双方谈判组长。监督谈判的公平性。

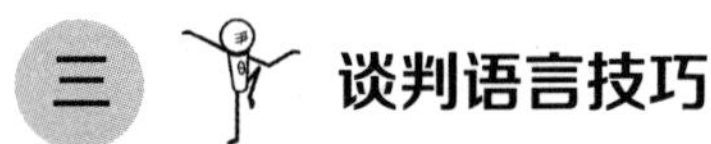

三 谈判语言技巧

直截了当式——单刀直入。这样有助于节省时间，提高效率。

迂回包抄式——太极神功。这样有助于润物无声，水到渠成。

软硬兼施式——进退有度。这样有助于掌控平衡，不卑不亢。

换位思考式——体贴对方。这样有助于感动对方，和谐相处。

幽默风趣式——调节气氛。这样有助于身心轻松，愉悦合作。

四 言语针对性强

开门见山，开宗明义；
一箭双雕，一语中的；
层层递进，层层剥笋；
步步为营，步步紧逼；
学会反问，敢于反驳。

上述语言运用，适用于双方事先已经过多次沟通或充分准备并在合作方向、合作内容、合作方法等方面皆以基本清楚的情况下使用。

五 表达方式婉转

动之以情，晓之以理；
好言相劝，好话说尽；
后发制人，左右逢源。

上述语言运用，适用于双方事尚未经过充分沟通或充分准备并在合作方向、合作内容、合作方法等方面基本不大清楚的情况下使用。

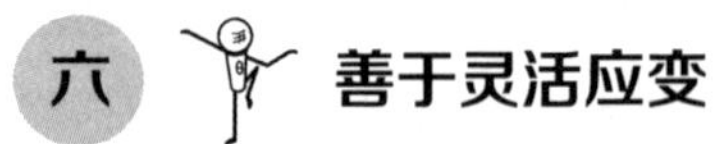

六 善于灵活应变

根据形势应变——是顺？是逆？
根据态度应变——是刚？是柔？
根据性格应变——是动？是静？
根据结果应变——是好？是坏？

上述语言运用，适用于双方在谈判过程中，在合作方向、合作内容、合作方法等方面发生变化或不确定性情况下使用。

七 恰用无声语言

微笑是润滑剂

表情是晴雨表

肢体是信号灯

物体是传声筒

环境是阵地战

1. 谈判地点的选择：争取占据主动，解决心理因素。

2. 谈判座位的选择：争取占据主位，掌控环境因素。

上述语言运用，适用于双方在不动声色中，借用声音语言之外的媒介，传递合作方向、合作内容、合作方法等隐性语言的情况下使用。

综上所述，开场白的表达会为谈判定下基调，谈判人员的角色安排会决定谈判的质量，谈判语言的技巧、针对性、婉转性、灵活性以及无声语言，都从各个角度决定谈判的成功与否。

第七般口才

营销口才 PK 唾玉钩银

随着我国商品经济的发展，商业口才或称营销口才越来越成为人们关注和重视的语言能力，成为当今社会最热门的职场技能之一，营销员的口才能力，更是成为各个行业最看重的专业技能。一位好的营销员，可以让企业起死回生，可以让企业动力十足，可以让企业飞黄腾达。翟杰老师在2004年出版的专著《不当总统就做推销员》，更是将推销员与国家总统相提并论，足见一位好营销员的地位和作用。

一 营销员自信心的培养

对所在公司的自信，介绍自己的公司理直气壮。
对经销产品的自信，介绍自己的产品理所当然。
对个人职业的自信，介绍自己的身份理应当先。

二 做推销员的必备素质

推销员一定要具备产品知识，否则，无法对产品的功能、质量、数据等进行有效的介绍。

推销员一定要具备市场知识，否则，无法发现市场、开发市场、经营市场。

推销员一定要具备文化知识，否则，无法用科学的思维准确地定位推广产品。

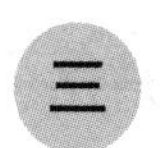

三 有效销售的语言设计

站在对方立场讲话，考虑对方的需求。
从对方的角度分析，考虑对方的利益。
引导对方发现需求，考虑对方的认识。
触动对方做出决定，考虑对方的决定。

四 面见客户的语言准备

了解客户的职业，语言要符合客户的职业特点。

了解客户的年龄，语言要符合客户的年龄特点。

了解客户的喜好，语言要符合客户的兴趣爱好。

了解客户的经济，语言要符合客户的经济能力。

了解客户的家庭，语言要符合客户的家庭背景。

了解客户的性格，语言要符合客户的脾气秉性。

五 和谐面谈的基本方法

尊重客户，不要妄自尊大、盛气凌人。

谦虚谨慎，不要夸夸其谈、大言不惭。

语言亲切，不要言语苛刻、嘴不饶人。

协商口吻，不要强势逼迫，强买强卖。

宽容忍让，不要纠缠小节，尖刻挑剔。

不卑不亢，不要低三下四，居高临下。

面见客户的语言准备

客户的职业
丐帮帮主
客户的年龄
是个谜
客户的喜好
吃
客户的经济
空空如也
客户的家庭
空空如也
客户的性格
侠义率直

六 面谈语言的重要禁忌

不懂礼节，会让人感觉修养不佳。

夸夸其谈，会让人感觉口无遮拦。

妄自尊大，会让人感觉傲慢无礼。

卑微阿谀，会让人感觉卑微下贱。

喜怒无常，会让人感觉心数不定。

七 促成成交的基本话术

属第一，促成客户放心决定。

属唯一，促成客户珍惜决定。

二选一，促成客户权衡决定。

多选一，促成客户比较决定。

仅剩一，促成客户尽快决定。

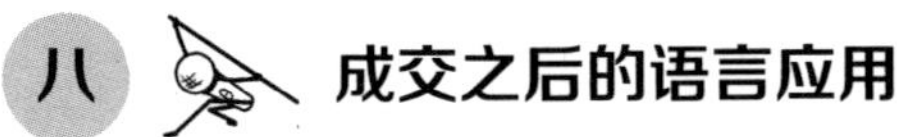

八 成交之后的语言应用

感谢语，是成交之后给人留下的感激之情。

祝福语，是成交之后给人留下的善良之情。

转介语，是成交之后给人留下的接续之情。

告别语，是成交之后给人留下的礼貌之情。

九 翟杰无极销售的理念

营销都是人生意。只要有人在，就有消费者。

营销首先营销人。产品说明书，先推销自己。

什么是无极销售?

它是一种毫无定势、无章可循的营销方法，所以说，它是一种没有方法的方法。无极营销员的级别：上与君王并坐，下与乞丐同行。

无极行销要做到心中无极：此处无声胜有声，看似无极却有极。

无极销售五件宝。

不做准备的准备，是无极的准备：储备是真正的准备。

不用技巧的技巧，是无极的技巧：真诚是真正的技巧。

不必销售的销售，是无极的销售：满足是真正的销售。

不谈产品的产品，是无极的产品：需要是真正的产品。

不是客户的客户，是无极的客户：人人是真正的客户。

故事口才

PK

叉手铁龙

所谓故事口才，就是将人、事、物，在真实可信的基础上，讲得绘声绘色，惟妙惟肖，生动感人，甚至催人泪下。

一 学会讲故事——基本功

1 结构设计充满悬念

为什么小孩都喜欢听故事（成人也不例外）？就是故事不仅具有趣味性、哲理性，更是因为讲故事的人，能把故事演绎得绘声绘色、声情并茂。

讲故事，既然是“讲”，当然主要靠培训师的语言表达能力来呈现。因此，讲故事过程当中的语言组织是讲好“故事”的重要手段之一。

讲故事，很重要的一点，就是通过全感官演绎的方法，对听众的感知进行刺激。

翟杰演播评书节目

什么是“全感官演绎”？

从人的感官特点上说：有视觉型、听觉型、感觉型、思辨型。各种类型的人在接受外界信息和处理事情的时候有着不同的特点：视觉型的人看故事，听觉型的人听故事，感觉型的人感受故事，思辨型的人揣摩故事。这几种类型的感官认识，在每一个人身上并不是孤立存在，而是在同一个人身上同时存在的。也就是说，除了有生理疾病的人之外，每一个健全的人都是通过视觉、听觉、感觉、思辨，来感知这个世界的。如果在讲故事的时候能最大限度地考虑到这四种类型的感官，并通过这些感官，让听众通过大脑创造出一幅全息、立体、活跃的景象，塑造一种身临其境的效果，讲故事的目的也就达到了。

2/遣词造句扣人心弦

每个个体的人，对语言和某些词语的敏感度是不一样的。例如：

视觉型强的人，对“看到”“看见”“展示”“清晰”等跟视觉相关的词语更为敏感，因此，在讲故事时，运用视觉描述的词语便能有效地刺激这部分人的视觉感官。

听觉型强的人，对“听到”“听见”“聆听”等跟声音相关的词语更为敏感，因此，在讲故事时，运用声音描述的词语更能有效地刺激这部分人的听觉感官。

感觉型强的人，对“感到”“抓住”“闻到”“触摸”等跟触觉、嗅觉、味觉等相关的词语更为敏感，因此，在讲故事时，运用感觉描述的词语便能有效地刺激这部分人的感觉感官。

思辨性强的人，对“思考”“揣摩”“深思”等跟思辨相关的词语更为敏感，因此，在讲故事时，运用思辨描述的词语更能有效地刺激这部分人的思辨感官。

因此，我们在不改变其核心内容的情况下，要对原有故事的语言、词语、修辞甚至结构，进行相应的加工、调整和润色，把能描述故事进程的谓词或形容词、象声词尽可能用能刺激视觉、听觉、感觉的词语进行表达。经过加工后的故事，培训师讲起来更容易演绎得绘声绘色、声情并茂，从而引导听众展开大脑的联想，再现储存在大脑里的相关图景，这样听众不知不觉就被带进了故事的场景中。

3/ 语言声调身临其境

20世纪50年代，阿尔伯特·麦拉宾经过研究发现：一条信息对人产生的刺激或影响力，书面文字占7%，声音占38%，肢体语言占55%。

也就是说，一个故事，书面文字再美，如果不通过声音的讲和肢体的演，这个故事的生动性、感人性、号召力等等，都会大打折扣。

因此，讲故事人的声音和肢体语言的运用，是故事演绎能否成功的重要因素。

声音的运用，主要是语音、语调、语速、语感、语流、音量、重音、停顿等方面，总体要求是抑扬顿挫、声情并茂。

4 肢体语言运用，主要有眼神和表情

手势、站走坐卧、接触以及教具的运用。

综上所述，讲故事，是需要书面文字语言、声音表达语言、肢体演绎语言甚至物体环境语言的有效组合与配合，才能完成的艺术形式。

配合好了，生动感人；配合不好，呆板烦人。

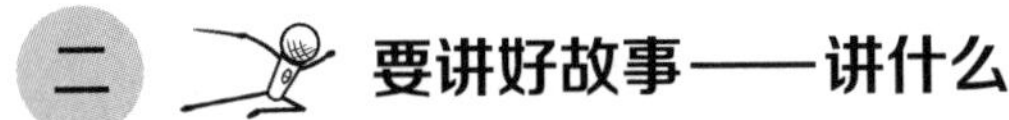

二 要讲好故事——讲什么

首先要了解故事的六大要素：时间、地点、人物、事件、细节、结果。

如何讲故事才能吸引人？我们根据几十年的新闻工作和编写剧本、书刊及文章的经验，认为需要注意如下几个问题。

主人公的初心是什么？

他遇到的矛盾是什么？

他用什么方法应对？

应对的效果满意吗？

如果不满意怎么办？

是放弃还是坚持？

最后的结果是什么？

在这个过程当中，要突出矛盾，险象环生，意外频出，步步为营。这样才能吸引听众、打动听众、感化听众，达到讲故事的目的，获得讲故事的最佳效果。

三 故事要讲好——学人物

学人物要学得惟妙惟肖；
讲故事要讲得感同身受；
布渲染要达到身临其境；
说情节要说得扣人心弦；
抒发情要让人声泪俱下；
结束后要使人意犹未尽。

四 评书章回体——吸引人

1 评书讲故事

人们为什么爱听评书？因为评书把讲故事的有效手段发挥得淋漓尽致。

中国当代评书界的四大天王，都是翟杰老师的老乡：有已故的评书艺术大师袁阔成、单田芳（翟杰老师都在现场看过他们生前的评书表演），还有现在仍然活跃在评书艺术舞台上的刘兰芳、田连元。

评书和故事密切相关。故事是评书的内容，评书是故事的加工。

讲故事也好，说评书也好，首先要有纲目——这个纲目就是故事梗概、主要情节、主要人物及主题思想等等。

有了纲目之后，必须树立梁柱。这正像盖房子一样，有了四梁八柱，才能着手盖房子。构思一部评书，也是如此。

所谓树立梁柱，就是构思评书故事情节脉络，既要有纵贯全书的主线，也要有辅佐主线的副线。

评书是一种视听表演艺术。各类人物的音容笑貌、爱恨情仇、悲欢离合，大自然的名山大川、江河湖海、草原森林，战场上的炮火硝烟、金戈铁马、刀光剑影，都能通过说书人绘声绘色的评说和表演得到生动的体现。

这就要求评书的语言，要生动形象、惟妙惟肖，朗朗上口，入耳入心；说者说得清，听众听得懂。

然后，才是要求语言的形象化、个性化。例如，中国四大评书表演艺术家袁阔成、刘兰芳、单田芳、田连元，每个人都有自己的风格。而他们的共性就是：语言明快流畅，节奏感强，并且将中国语言的音乐感发挥得淋漓尽致。

2 评书小常识

说，是指说书者在讲故事过程中，以自己的身份出现，对故事中的人、事、物、场进行讲解、评说，包括讲述故事、模拟人物、环境描写、心理活动等全方位地叙述表演。

学，是指说书者在讲故事过程中，模仿故事中的人物或动物的语言、表情、动作乃至心理感受等。

笑料，又叫噱头、嬉口、包袱等。笑料是评书中的宝中之宝，在讲述中，恰如其分地抖一个包袱，让人忍俊不禁，开怀大笑。它既能起到令受众提神醒脑、欢乐愉悦的效果，又能让受众在轻松快乐中聆听故事，吸收营养。

扣子，是评书引人入胜的重要手段之一，正可谓无扣不成书。所以评书爱好者们常说“听戏听轴子（压台戏），听书听扣子”。说书有了好扣子，就可以环环相扣，引人入胜。

扣子的种类很多，有明扣、暗扣、鸳鸯扣、子母扣、连环扣等等。一部长篇评书，不仅要交替使用各种扣子，而且常常是扣中有扣，一扣紧接一扣，使听众听罢一段，还要坐下来再听下一段。倘若扣子中断，悬念皆无，听众就该起身了。所以，我们要吸收学习评书的语言表演技巧。

惊笔，是指在叙述故事中，突然发生一件令人意想不到，突如其来的人、事、物。

险笔，是指事情已经发展到生死攸关，无计可施，不可救药、万般无奈，千钧一发之际，突然出现了转机，化险为夷。

惊笔、险笔合二为一，就是惊险之笔。故事或评书，如果没有惊险之笔，那么这个故事就会让人觉得平铺直叙，平淡无奇，没有吸引力。

但是，运用惊险之笔，不是故弄玄虚，盲目猎奇，甚至胡编乱造，而是要符合故事中人、事、物的发展规律，符合逻辑。惊险之笔，是在平淡中发现险情，在平和中发现奇特，做到险在奇之中，奇在险之上。

审音，是指如何表达书中人物语言的问题。这里面有两层意思，一是分析，即分析书中人物的性格、习性，并准确把握其语言特征；二是模拟，即以恰当的音色、语气、语势去模拟书中人物在特定场合中如何说话，例如方言、口头禅、语病等。

赋，是说书人在表演过程中使用的韵文，这是需要古典文学功底的。它的特点是半文半白，甚至全文皆白，平仄相间，合辙押韵，琅琅上口，易说易懂、易学易记，而且色彩鲜明，生动鲜活，烘托气氛，状物喻人中，达到独到的艺术教果。

赞，又名套子，是说书人在表演过程中使用的韵文，需要很强的古典文学功底。它的内容包罗万象：有地理环境，如高山大海；有人文环境，如楼台亭阁；有人物环境，如帝王将相、市井小民等，无所不包，无所不容，无所不有。

辨物，是指对人、事、物的表述、描述、叙述，既要生动，更要准确。辨物也有两层意思。

一是辨别书中的事物，哪些是重大事件？哪些是小事、次要或辅助性的事件？哪些事件应该或可以大肆渲染，浓墨重彩？哪些事件应该或可以点到为止，一带而过。

二是区分故事中的景物和地理特色，例如，山川河流、花草树木、工厂农村、机关学校、农田民舍、战争场面等。在写人状物时，要用语准确，分寸得当。

在评书界，有这样一首《西江月》，说的就是这方面的问题：

世上生意甚多，唯有说书难习，
紧说慢讲非容易，万语千言须记。
一要声音洪亮，二要顿挫迟疾。
装文扮武我自己，好像一台大戏。

【评书小段】

刘邦蒙难封翟母

翟　杰

楚汉相争龙虎斗，
鸿门宴上逃脱走；
项羽雄兵追杀紧，
刘邦遇难在封丘。

话说公元前206年，刘邦在鸿门宴逃过一劫，却又在封丘遭遇一难。这一难，胜过那众所周知的鸿门宴。这一年，楚汉交战，刘邦大败。刘邦与陈平二人，深夜落荒而逃，最后终因饥寒交迫，人困马乏；马失前蹄，人仰马翻，摔在路旁，昏死过去。

次日中午，一位年轻农妇，给田间劳作的丈夫送饭，经过此地，发现了奄奄一息的刘邦。于是，这位农家妇女二话没说，用自家井水给刘邦慢慢灌下。接着，又将麦仁粥一口一口给刘邦喂下。这时的刘邦，才感觉精神略有好转，体力得到了恢复。

刘邦深谢农妇的救命之恩，说道："大嫂，请留下姓名，日后我刘邦如能打下江山，必将回报您的大恩大德。"

农妇说道："区区小事，何足挂齿？"执意不肯报出姓名。

刘邦见状说道："如大嫂不肯报出姓名，我刘邦将长跪不起。"

正这时，农妇隐约听到人喊马叫之声，由远而近；情急之中，只好淡淡说道："小女子不言姓名，只是本家姓翟。"

这时，项羽的追兵越来越近。刘邦说道："大嫂，后会有期！"于是和陈平二人扬起马鞭，逃向远方。

说时迟，那时快。项羽带领追兵赶到此地，询问刘邦下落。

咦？

大嫂，请留下姓氏名谁，
日后我刘邦如能打下江山，
必将回报您的大恩大德。
区区小事，
何足挂齿？

农妇从容镇定地将项羽追兵，引向另一条岔路，免除了刘邦的灭顶之灾。

长话短说，三年后，也就是公元前202年，刘邦打败了项羽，建立了大汉王朝。但他没有忘记救命恩人翟氏农妇，于是他派人找到翟氏农妇，将其请到宫中，并请翟氏农妇按照原先方法，烹制麦仁粥，以示牢记救命之恩。

当刘邦喝了一口调好的麦仁粥后，感觉没有三年前在荒郊野外的那顿饭水香甜。

翟氏农妇马上解释道："当时您饥寒交迫，生命危在旦夕，所以饥不择食，感觉那顿粗茶淡饭香甜无比；现在您是大汉帝王，整天山珍海味，不是这井水和麦仁粥变味儿了，而是您的口味儿变了呀。"

一番实话，确让刘邦深思。

刘邦本想将翟氏农妇留在宫中，让其享尽荣华富贵。可是，翟氏农妇执意不肯，只住一周，便回家中。令人痛心的是：翟氏农妇回去不久，项羽余党得知翟氏农妇搭救刘邦之事，便深夜潜入翟氏农妇家中，将其满门抄斩。刘邦得知翟氏农妇全家遇害，悲痛欲绝，悔恨交加，连夜率兵赶到。下令按国家级标准厚葬翟氏农妇全家，并册封翟氏农妇为翟母，赐封翟母一家人坟地为封丘。这就是现在的河南省封丘县的来历。

自刘邦建立大汉王朝以来，历经西汉、东汉，共426年，历任28个皇帝，为中华民族奠定了源远流长的大汉文化。这正是——

本源同根生，姓氏各有名；
君王行天下，臣民故土情；
血兮浓于水，情兮浓于血；
为我华夏兴，血浓情更浓。

第九般口才

领导口才PK凤翅金镋

“领导口才”能体现一个领导者的综合素质和水平，其中包括：政策水平、理论水平、心理素质、文化素质、语言能力、文字能力等多方面的才能。“领导口才”可以作为培养、选拔、任用干部的试金石。在干部应聘、竞选、述职、总结、汇报等方面，口才都作为第一要义。特别是脱稿演讲、总结、汇报等，更能体现一个干部的真才实学。因此，练就一副好口才，是一个领导者的立足之本。

一 领导讲话自信——从容自如

树立信心，提高心理素质，这样才能让公众信服。
博闻强记，扩大知识积累，这样才能让公众佩服。
抓住关键，明确讲话目的，这样才能让公众折服。
精心提炼，认真组织材料，这样才能让公众心服。
反复预讲，拟定讲话提纲，这样才能让公众诚服。
控制局面，增强自控能力，这样才能让公众真服。

二 领导讲话的修养——雅俗共赏

政治水平，代表一个领导的政治修养。
认识水平，代表一个领导的思想高度。
思辨水平，代表一个领导的智慧境界。
预见水平，代表一个领导的前瞻能力。

三 领导讲话常识——取舍得当

思维上取舍得当，言语上就会避虚就实。
思路上条理清晰，言语上就会前后有序。
思辨上论证科学，言语上就会字斟句酌。
联想上生动幽默，言语上就会幽默风趣。
应变上雅俗共赏，言语上就会老少咸宜。

四 领导讲话要领——论证科学

准确性，是领导讲话的基本要求。
权威性，是领导讲话的必备要求。

逻辑性，是领导讲话的哲学要求。
概括性，是领导讲话的精炼要求。
针对性，是领导讲话的实际要求。
通俗性，是领导讲话的大众要求。

五 领导讲话艺术——条理清晰

简洁：削繁去冗留清瘦；
引用：他山之石可攻玉；
幽默：爽心如意笑谈中；
应变：随机应变智如神；
说服：巧舌胜于百万兵；
修辞：生动形象悦人心；
形体：言谈举止显魅力；
风格：彰显个性领风骚。

六 接受新闻采访——字斟句酌

1 接受电视采访注意事项

不要携带文字资料，除非特别效果需要，
因为照本宣科证明水平不高。

直视镜头或采访者，除非特别表情动作，
因为左顾右看证明心神不定。
身体自然放松前倾，除非特别行动要求，
因为坐立不安证明心有旁骛。
谈吐自然语言简洁，除非记者特别提出，
因为言语无度证明口才不佳。
配合准备各类设备，除非不愿接受采访，
因为冷漠待人证明修为不够。

2 接受电台采访注意事项

准备好感情：感情符合主题需要，否则心口不一。
准备好身体：健康、饱满、充沛，否则有气无力。
准备好嗓音：灵活度、清晰度等，否则含混不清。
准备好语感：大小、快慢、刚柔，否则语无伦次。
准备好资料：避免数字语言有误，否则说不算数。
准备好环境：排除来自各方干扰，否则杂乱无章。
准备好应变：语言、态度、智慧，否则惊慌失措。

3 接受报刊采访注意事项

事先准备好图文资料，否则无从谈起。
言谈话语要逻辑严谨，切忌信口开河。
叙述问题语言要准确，不能似是而非。
交流意见要深刻理性，不要轻易断定。
刊发之前要审看小样，以防出现漏洞。

4 接受电话采访注意事项

更需要好心情：因为心情可以通过语言感觉流露出来。

必准备好形象：衣着、化妆、饰物都会影响语言效果。

必准备好体态：站、坐、走、态等也会影响语言状态。

必准备好身体：健康、饱满、充沛精力是语言的基础。

必准备好嗓音：灵活度、清晰度会让语言表达更伶俐。

5 应对媒体记者注意事项

要了解记者的意图，以便问有所答。

要谨防假记者欺骗，以免上当受骗。

要识破钱串子阴谋，拒绝有偿新闻。

要客观地回答问题，不要海阔天空。

要回避他人的评价，讲话莫论人非。

要适度地不卑不亢，把握自己态度。

要提出发表前核对，坚守正当权益。

要尊重记者的劳动，切忌敷衍了事。

七 领导讲话的修炼——脱稿演讲

扎实的知识积累，这是领导者的必备。

演讲的心理准备，这是领导者的素质。

主题的巧妙构思，这是领导者的思维。

语言的精心提炼，这是领导者的艺术。

临场的创意发挥，这是领导者的应变。

培训口才 PK 铁链夹棒

翟杰老师从事专职培训20多年，演讲、授课、主持各类活动近4000场，足迹遍布全国，曾出国几十次，先后为50多个国家的知名大学、政府机构、各类商会、协会、学会等团体演讲、授课。他深刻体会到：培训口才有遗传基因的因素，更重要的是后天的勤奋学习、刻苦练习、勇敢实习。

一 培训口才素质测试

为了您对自己的口才素质有一个大致的了解，可以做一下这些测试题。如果某个题目的内容符合您的特点，您就打个“√”；如果不符合就画个“×”。

当你讲话时，能否自觉地进行换位思考？

你是否非常愿意帮助别人解决一些问题？

你使用“你”字多于“我”字吗？

当看见有人辩论或争论时，你是否有欲望参与其中？

当有人提问时，你是否在别人抢答前就有了自己的答案？

你的记忆力好吗？

你喜欢棋类游戏吗？

你对他人的反应敏感吗？

大家热烈讨论时，你喜欢争论并且力争做到标新立异吗？

你能通过漫无边际的谈话找出观点并让人们都明白和赞同吗？

你的讲话能力很强吗？别人是否比你慢？

你听过自己的录音吗？感觉如何？

你对自己的照片或录像上的形象满意吗？你是怎样摆布自己的？

你有啦啦队队长的气质吗？经常带头喝彩吗？

你愿意告诉别人你知道的事情，并能讲得很生动吗？

当你讲话时，你的头脑中是否会出现相应的情景或画面？

你在一个热闹非凡的大街上，能详细说出所看到的一切吗？

你喜欢提问前的模拟训练吗？

你在做事时，大脑思维清晰吗？

翟杰为清华大学领导韬略国际研修班授课后合影

你能把很多杂乱无章的资料整理成简明扼要的吗?

你喜欢被人控制的感觉吗?

对待带有恶意挑衅性的问题，你能心平气和地回答吗?

你是否愿意与他人分享自己所取得的成就及其方法?

你在讲某些事情时，是否经常用示范动作来说明某些细节?

你是个能很快恢复活力的乐观主义者吗?

你在学生时代是个爱开玩笑、喜欢幽默的人吗?

你和别人说话时，是否认真地看着别人的眼睛?

别人和你说话时，你是否认真地看着别人的眼睛?

会议结束或你的讲话结束时，人们还在关注你吗?

这29道题后做一个统计，打√的有多少，然后进行分析。一般情况下：

"√"在10～20个之间的，口才一般；

"√"在10个以下的，口才需要刻苦练习；

"√"在20～25个之间的，口才很优秀；

"√"在25个以上的，口才卓越。

二 培训师的角色扮演

讲师、培训师、导师的差异

讲师——讲解、讲授、讲述，仅仅停留在传播知识和信息的层面，主要是让受众明白。

培训师——训练、教练、磨练，需要具备将知识信息化为行动的能力，是让受众学会。

导师——指导、引导、悟导，则是对受众的思想、行为、方向，作以明确或明细的教导。

培训师的三个角色扮演

构思课程：要像编剧一样。起承转合，前后照应，各类修辞运用自如，犹如一部剧，这样才能最大限度地吸引受众。

讲授课程：要像演员一样。喜怒哀乐，绘声绘色，各种表现活灵活现，就像一个演员在表演，这样才能深刻感染受众。

教学互动：要像导演一样。启发引导，把握关键，各种方式流随机调动，就像一个导演，将受众的活动掌握在手中。

三 培训师的语言特色

刚柔并济、急缓相通、抑扬顿挫、口角生风；
各类语言、综合使用、朗诵演讲、训练故事。

四 培训师的声音语言

既真实可信，又绘声绘色，更悦耳动听；
音质，音量，语气刚柔、急缓成一体。

五 培训师的平面语言

投影片或板书要做到界面构图：比例适当，图文均布；
画面颜色配置要做到主题鲜明，冷暖适宜，参差平衡；
文字形式字体要做到字体适宜，大小适中，行款合理；
图表设计制作要做到简明形象，冲击视觉，分类科学；
背景音乐效果要做到音效清晰，音量适当，选曲和谐；
动态效果影像要做到生动逼真，画面清晰，活泼幽默。

六 培训师的物体语言

讲义、手册、笔本、白板、白纸以及参照物，是培训师的辅助语言，运用得当，对丰富声音语言有特殊的效果。

形象、准确、大小、轻重、美感以及实用性，是培训师更加离不开的辅助语言，它对语言的感染力有不可替代的作用。

七 培训师的环境语言

善用视听辅助工具：如音乐灯光、场景色调，会让人身临其境；

善用环境辅助效果：如教室布置、桌椅摆放，会让人对号入座；

善用感觉辅助工具：如空调电扇、气味空间，会让人感同身受。

八 培训师的服饰语言

一身与主题和环境相和谐的服饰，会产生秀外慧中、表里如一、言形一致的效果；

一套与身份和对象相一致的款式，会显现色彩、饰品、对象、作用相和谐的效果。

九 培训师的潜在语言

会识别信号：细心观察每一位受众的特点。

会有效提问：引发受众积极思考引起重视。

过于沉闷的：要适时发问调动受众的情绪。

过于活跃的：要善言制止平抑过度的言行。

交头接耳的：要走近受众身边并给予暗示。

睡觉打鼾的：要暗中轻轻推醒且不要声张。

心理对抗的：要给予赞美化解受众的抵触。

恶意捣乱的：要严正面对痛斥批评其所为。

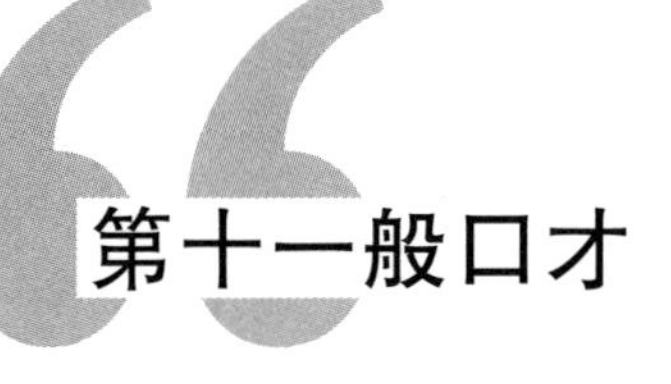

第十一般口才

会议口才

PK

追古“槊”今

任何时代、团体、个人都离不开会议，有人群的地方就会有会议——家庭会议、政府会议、企业会议、国际会议等等，可以说是“无处不会议，无事不会议”。通过会议可以集思广益、统一思想、达成共识、明辨是非、解决矛盾、组成联盟、解决难题，会议的作用不可估量。

一 基本程序

精彩的开场，要让受众感觉耳目一新。

充实的内容，要让受众感觉言之有物。

精练的语言，要让受众感觉言简意赅。

现场的掌控，要让受众感觉井然有序。

绕梁的结尾，要让受众感觉意犹未尽。

二 誓师大会

语言庄严郑重，体现会议的严肃性。
朗声宣读誓词，表达内容的重要性。
现场鼓舞人心，营造场面的热烈性。

三 总结大会

穿珠式：将“零珠碎玉”串联成“精美项链”，让人感觉鱼贯而出。

归纳式：将“七嘴八舌”归纳为“众口一心”，达到团结奋进的效果。

升华式：将“口中所无”上升到“意中所有”，让人们统一思想。

评论式：将“众说纷纭”转化为“博采众长”，达到其海纳百川。

拍板式：将“众望所归”结论为“英明决定”， 最终为万念归一。

四 庆祝大会

充分总结成绩，以取得成绩为主流。
颁奖仪式热烈，通过颁奖鼓舞斗志。
表示衷心祝贺，由衷赞美激励加油。
提出再接再厉，发扬成绩总结不足。

五 汇报会

切忌成流水账，要抓住主要问题，重点阐述，不要眉毛胡子一把抓。
不能文过饰非，要认真提出问题，找到方法，不能得过且过糊涂神。
不能老生常谈，要发现新事物，研究新问题，不能纠缠过去陈年账。

六 研讨会

提出研讨话题，一定要重要且新颖。
组织展开讨论，一定要集中且精要。
归纳讨论内容，一定要简洁且客观。
发表会议结论，一定要准确且科学。

七 竞聘会

开篇新颖别致，引起人们注意。
介绍有针对性，让人了解自己。
目标有感召力，获得拥护支持。
语言自信幽默，使人轻松接受。
不足点到为止，以免事倍功半。

八 就职会

推心置腹，给人真诚。
攻心为上，获取人心。
目标实际，让人信服。
简洁明快，语言干练。
别出心裁，给人新意。

九 欢迎会

欢迎词致辞方式

开头：称谓、欢迎到来、感谢出席类词语。

主体：来宾来访意义、主客双方关系、合作成果等。

结尾：再表欢迎、祝愿、希望类话语。

表达技巧：礼貌亲切、真情实感、言表一致、衷心祝愿。

十 欢送会

欢送词致辞方式

开头：称谓、热烈欢送、感谢惜别类词语。

主体：介绍来宾来访工作、意义、合作成果等。

结尾：再表感谢、欢送、祝愿、希望类话语结尾。

表达技巧：简短明快、礼貌真诚、依依惜别、期待再会。

十一 联欢会

语言活泼，烘托气氛；
创新艺术，引人入胜；
活跃气氛，轻松快乐；
多姿多彩，形式丰富。

十二 庆典会

发言热烈，声音洪亮；
情绪饱满，热情洋溢；
真诚祝贺，美好祝愿。

十三 答谢会

情真意切，表达感恩之心；
内容具体，注重细节效果；
语言动人，表意准确动人。

十四 酒会

亲自祝酒，满怀诚意；
轻松随意，拉近距离；
语言简练，充满诗意。

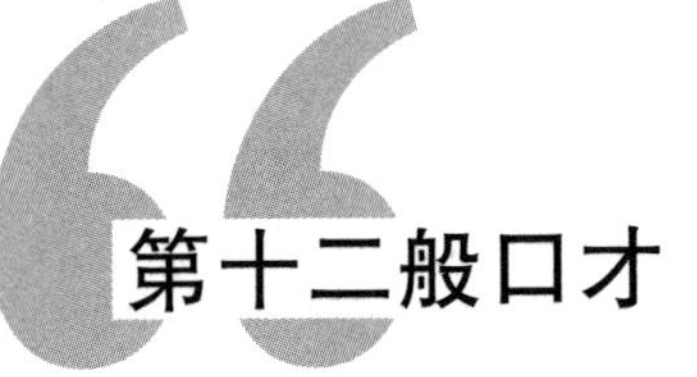

直播口才 PK 舞枪弄棒

随着自媒体的兴起，越来越多的人走上了直播的舞台，直播的内容和形式也发生了根本的变化。以往我们直播的平台是国家媒体，直播的内容要经过层层审查批准方能播出。现在则不同，任何一个人只要注册一个直播账号，便可以在任何地方直播，户内户外不受限制，国内国外没有障碍。这虽然是一种进步，但是也给直播人提出了一些新的要求，其中涉及政治问题、法律问题、版权问题、社会问题等等。下面仅就直播的基本要求和技巧问题逐一说明。

翟杰于辽宁人民广播电台直播间主持（左：徐永久）

一 直播的基本要求

饱满的精神。无论是音频直播还是视频直播，都需要有一个良好的精神状态，如果一脸晦气，一幅窘态，会令人生厌，达不到预期的效果。

亲和的面孔。在直播中，无论受众是听还是看，直播主都要具备亲和的面孔，因为只有亲和的面孔才能说出亲和的话语，显现亲和的语感，令受众喜欢。

通俗的语言。直播面对的是大众，他们年龄不同、文化不同、职业不同、地域不同，但从语言的角度讲，通俗的语言可以雅俗共赏，方言不同的人也能听得懂，愉快接受。

贴心的话语。若要吸引受众，就要让人喜欢。让人喜欢的重要要素，就是语言亲切贴心，如同亲人之间和谐交流，这样才能成为受众的贴心人，手中才会喜欢你。

贴近的距离。如要让受众永远喜欢你，就要通过语言拉近彼此间的距离，犹如亲人一般，彼此的距离拉近了，受众才会离你更近。

灵活的应变。直播过程中难免会出现主观或客观的差错、疏忽和问题。属于主观原因，我们要及时发现，随即改变，灵活调整，纠正差错和疏漏；属于客观原因，我们更要灵活应对，随机应变，及时科学、准确、有效地解决出现或有可能出现的各类问题，保证直播的顺利进行。

二 直播的必要准备

素材要丰富，以免无从说起。

腹稿要打好，以免逻辑混乱。

提纲要拟好，以免杂乱无章。

设备要调好，以免无法直播。

三 直播中应对错词

不大重要的话：得过且过，不用纠正，因为没有原则错误。

非常重要的话：重说一遍，再次强调，等于换个方式纠正。

需要解释的话：借错为靶，巧妙解脱，可以加一个否定词。

必须纠正的话：实事求是，说明口误，原则问题必须纠正。

四 直播中应对提问

是否能回答？能则立即回答，如不能宜推到之后。

是否有必要？有必要即回答，没必要，推后回答。

重复的问题：刚刚回答过，简单概括或不予回答。

挑衅性问题：伺机而行事，或回避之，或回击之。

五 直播中应对冷场

善用趣闻轶事，活跃现场的气氛；
善用赞美听众，求得共鸣和好感；
善于提出问题，调动听众参与度；
善于制造悬念，激发听众的兴趣；
适时竞赛评比，提高听众竞争力；
适时身心互动，调整听众活跃度。

六 直播中应对哄场

分析出现哄场的原因：是否由于演讲者的紧张、卡壳、错话、啰唆、时间掌控等因素？如果是，找到原因，作出应对。

分析是否由于受众逆反心理、素质修养、心怀叵测等？如果是，纵横捭阖，刚柔相济。

七 网络带货

产品介绍：真实、可信、实事求是；
订购方式：翔实、简要、付款方式；
售后服务：具体、承诺、联系方式。

武林绝学《降龙十八掌》

强身健体

降龙十八掌

点击右下方购物车购买！

视频同步教学！

xxx：哇！

xxx：666~

对话口才

PK

鞭辟入里

“对话口才”对人的要求是很高的。对话成功可以成一件事；对话失败也可以败一件事。古今中外，皆是如此。

翟杰参加对话节目现场

一 学会聆听方能对答如流

陈轸借典戏二妻 忤合惠王与张仪

话说鬼谷子的弟子陈轸，离开楚国来后到了秦国，做了秦王的臣子，与张仪同侍秦惠王。

一天，张仪在秦惠王面前搬弄是非，说："陈轸既然做了大王的臣子，却常常把秦国的情况透露给楚国。我不能与他共事，望您将他驱逐出去。若他想重回楚国，大王您可将他杀掉。"

于是，秦惠王将陈轸召来，将张仪的话转告他，然后说："我想亲自听到您的意见，您想到哪里去？我将为您准备车马。"

陈轸回答说："我愿意到楚国去。"

秦惠王说："张仪认为您将到楚国去，我也知道您将去楚国，不去楚国还能去哪里呢？"

陈轸慢条斯理地说："我离开秦国后无疑会到楚国去，以便顺从您和张仪的意思。有一个楚国人有两个妻子，有个人调戏其中年龄大点的妻子，这个妻子立即痛骂了那人一顿。不久之后，这个人又来调戏年龄较小的妻子，那个妻子一开始半推半就，转而以身相许。

后来，那个楚国人死了。有客人问那个曾经调戏死者妻子的人：'你想娶年长的寡妇作妻子，还是娶那个小的呢？'

那个人回答说：'当然要那个年长的。'

客人说：'年长的骂你，不与你相好；年少的喜欢你，与你私

通，你为什么愿娶年长的呢？’

那个人说：‘她是别人妻子的时候，当然希望她喜欢我，与我私通；但当她作为我的妻子后，我当然希望她能爱我而痛骂别人。难道我还乐意娶那个喜欢别人，愿与别人私通的人为妻吗？’

如今楚王为贤明之君，楚臣昭阳是贤明的丞相。我作为秦国的臣子，却常常将秦国的情报送往楚国，楚王能因此相信我，让我做他的臣子吗？昭阳愿意与我共事吗？他们不会把我看作卑贱、反叛之臣吗？难道还不清楚我是否要到楚国去吗？”

陈轸又与秦惠王谈论了一番君臣之道，然后出了宫殿。

张仪进宫朝见秦王，他问道：“陈轸果然要到那里去吗？”

秦惠王说：“他说他必然到楚国去。于是我又问他：‘你真的要去楚国，那不就被张仪言中了吗？’

他却满不在乎地回答：‘被言中有什么关系呢？不只是张仪会这样说，路上行人都知道。

‘伍子胥忠于他的国君，天下各国都想用他作丞相。孝已爱他的父母，天下的父母都希望有孝已那样的儿子。不出里巷就被人买走的，必然是良仆贤妾。被乡邻娶走的女儿多是好女。

‘如果我不忠于大王，做您的臣子又把秦国的情报送往楚国，即证明我不是忠臣，聪明的楚王怎么会把我当成忠臣呢？一个奸臣怎么能被一个贤明的君主接纳呢？

‘如果我忠于大王，并没有将情报透露给楚国，证明我是忠臣，却又遭到您的遗弃，这时我到楚国去会有什么妨碍呢？楚国一定会接受我这个忠臣的。’”

秦惠王说：“听了他的那些话，我很受启发，也有一些感动，觉得他说得很有道理。”

这时，口若悬河、舌如利刃的张仪无话可说了。

此后，秦惠王特别信任陈轸，给予他更加优厚的待遇。

陈轸面对张仪对他的污蔑，没有正面回应驳斥，而是顺势而为，借用仗义的话，顺水推舟，直至出现逻辑漏洞，令人深思，然后阐述会去楚国的原因，达到了归谬的效果，让人一目了然，相信陈轸是忠诚之人。

而在现实生活中，很多人遇到类似问题，都会直面应对，结果并不能阐明真正的内在逻辑和道理，只停止在表面的论证，难以令人信服。因此，我们要学会借力使力，化阻力为动力，才更有力。

二 学会问话方能一语中的

面对突如其来问　鸡鸭练嗓作应答

有人问刘吉："你是学工的，怎么还能写出好文章？成为演讲家呢？"

刘吉说："有则寓言说，从前鸡与鸭的嗓子都不好，可鸡每天早上起来练'金鸡报晓'，所以鸡就有了个好嗓子。"

对于这个问题，刘吉没有直接回答，而用一则生动的寓言故事，形象化的比喻，阐述了自己虽然是学理工科的，但是很注重口才的培养，并且一直在努力修炼，所以才成为文理兼备的演讲家。

三 你来我往方能言语传神

你唱戏来我画画　君子动口不动手

抗日战争胜利以后，著名国画大师张大千准备从上海返回四川老家。他的学生糜耕云设宴为老师饯行，特别邀请著名京剧艺术大师梅兰芳等社会名流出席。

宴会上，张大千见到梅兰芳，非常高兴，对梅兰芳说：“梅先生，您是君子，我是小人，我先敬您一杯。”

梅兰芳不解其意，忙含笑问道：“此话作何解？”

张大千笑答道：“您是君子——唱戏动口，我是小人——画画动手。”在场来宾为之欢笑。

这段对话，张大千借用民间谚语“君子动口不动手”，用幽默的方式自贬，赞美梅兰芳，既表达了自己的谦虚，又体现了幽默的风范，更是对梅兰芳的一种尊重，全方位地体现了两个人的友谊和感情。

四 占据主动方能先声夺人

钱钟书巧拒采访　老母鸡理论叫绝

钱钟书因《围城》出名，拒绝记者的赞美和采访，说道：“你吃鸡蛋觉得味道不错，也没必要见老母鸡一面吧。”

钱钟书面对记者的采访，用逻辑推理的方式，借用母鸡和鸡蛋的关系，智慧、幽默地谢绝了记者的采访，可谓有理有利有节。

五 掌控节奏方能胜券在握

范雎忤合秦昭王　远交近攻建辉煌

范雎是战国时期魏国中大夫须贾的属下，由于辩说才能突出，为人所忌恨，被相国魏齐毒打并欲将他置于死地。

当时，秦国出使魏国的使臣爱其才干，暗中救了范雎一命并把他带回秦国。范雎到了秦国后并未受到重用，整日被待以粗茶淡饭，备受冷落。但范雎作为胸怀韬略的雄辩之士，并未着急。他仔细分析秦国的内外环境，认为秦昭王既有外敌的忧虑，更有内患的

恐惧。而秦昭王最担心的是内患，因为当时朝中有太后和“四贵”控制朝廷，威胁昭王地位。

根据揣情，范雎料定秦昭王一定会上门求教，所以采取闭合的手段，静待时机。

不久，时机终于到来，范雎利用昭王封赏的机会，修书一封，向秦昭王表示：“我有几句话说给您听，这是关于治理国家的大事，说对了请您采纳，说不对我情愿离开秦国。”

接着绕了一个大圈子，说些无关紧要的话，希望引起昭王的重视，但他心中想说的话并不说出来，故意卖关子，等秦昭王召见。

果然，秦昭王极想听听范雎有何高见，于是宣他入宫。

范雎一入宫却呆头呆脑，装作什么也不了解的样子，径直往离宫走去。宦官急了，对范雎喊道：“等候大王召见，不要随意走动！”

范雎这才回过头来故作惊讶地说：“秦国还有大王吗？我只听说有太后和相国，哪里有什么大王啊？”

范雎此言故意说到秦昭王的痛处，虽令宦官们大惊失色，但他心中有数。

果然，秦昭王听到此言急忙迎出，将范雎请入上座，并说：“寡人早就应该亲自聆听先生教诲了，只是忙于政事，未得空隙，今天有缘面晤，请先生赐教。”

范雎只是默然不语，深藏不露。秦昭王于是屏退左右，再次向范雎请教。秦昭王问：“先生有何高见呢？”

“不敢，不敢！”范雎谦虚两声，依然沉默。

秦昭王遂长跪垂询，范雎仍然是“不敢，不敢”。

我有几句话说给您
听，这是关于治理国
家的大事，……
范雎

先生有何高见呢？
不敢，不敢

难道先生不肯指点寡人吗？
不敢，不敢

这么一问一答重复了三次，范雎依然含而不露。

秦昭王有些失望和灰心，他终于忍耐不住，急迫地追问道："难道先生不肯指点寡人吗？"

范雎一看时机到了，这才舒展金口，说道："我不远千里投奔大王，不就是为了与您谈谈我的意见吗？我与您交道很浅，却向您陈述治国安邦的大计，纠正您的失误，这是掉脑袋的事，我做好了受惩罚的准备，却不知您心意如何。这就是您三次问我，我却不敢对您陈述的原因啊！"

说到这里，范雎又停顿了一下，继续观察秦昭王有何表示。

秦昭王立即说道："请先生放心直言，不要有所顾忌。"

于是，范雎施展他的辩说之才，以诚恳的态度引古证今，从三皇五帝说到当今朝政，从外交说到内政。

最后，他建议秦昭王外结韩魏，远交近攻，内肃朝政，清除太后势力。说得秦昭王连连点头称是，欣然采纳了范雎的计策。

范雎就是这样一揣、再揣、三揣，直到彻底揣明了秦昭王的心理，使游说成功，之后又深得秦昭王信任，成为秦国杰出的宰相，在张仪之后，用远交近攻之策成就了秦国的统一大业。

看到这里，可能有些读者会认为：你举的这些案例都是大人物，我们很难做到。那么，我们就再补充一长一短两个小故事供您参考。

1/采访：业主傲慢无礼　一句话垂头丧气

翟杰老师在辽宁人民广播电台当记者、节目主持人期间，有一次去一家企业采访，当翟杰老师向企业主提出采访的要求时，企业主非常傲慢地说："没什么好采的！"

面对这种少见的人，翟杰老师略停顿一下，接着问："没什么好采的，有坏采的也可以，请您介绍一下。"

这简短的一句话让企业主大惊失色，马上放下他的傲慢，连声道歉。这就是以其人之道还治其人之身，你来歪的，我就歪打，并取得了歪打正着的效果。

2 救急：三天七场众演说　对话应变改对歌

2006年6月的一天夜里，翟杰老师忽然接到团中央一位领导同志的电话，内容是：某省两所学校违规招生，致使学生毕业不能获得学历，受害学生们气愤至极。

当地省委、省政府、教委、团省委等有关部门邀请多位著名德育教育专家对学生进行安慰疏导对话，结果统统被赶下讲台，一次次对话宣告失败。

领导在电话中恳求翟杰老师能挺身而出，前往事发地平息风波，并特别说明翟杰老师是他们邀请的最后一位专家，如果还不能控制事态，我们将换个方式解决。

听到这里，翟杰老师深知责任重大，更知道换个方式解决的结果。

这时对方又急切地说："翟老师，您开个价，我们绝不还价。"

面对此情，翟杰老师不假思索地说："既然领导信任我，这也是我的一份责任，我分文不取。何时出发？"

"越快越好！"对方的回答更加急切。

翟杰老师一看手表，已经是晚上10点多钟，于是马上出发，到北京火车站买了一张半夜12点的火车票，一路前往目的地。经过一夜的颠簸，次日上午到达目的地。当地领导向翟杰老师介绍了事件的原委和现状后，便开始了第一场与大学生的对话，三千多个座位的大礼堂座无虚席。

校领导简要地介绍后，翟杰老师出场了。他登上讲台，还没站稳脚跟，便是一阵又一阵的哄场，挥手的、举拳的、喊口号的、向空中扔帽子的、扔领带的、扔矿泉水瓶的，一片混乱……

翟杰老师从事各类演讲、培训、主持活动以来，第一次遭遇这样的场景。面对眼前的场面，他灵机一动，把对话变成了对歌。他提出：任何一个人唱出任何一首当地的歌曲或者说出当地歌曲的歌名，他就说出歌名或者演唱；如果他做不到，就送给提问题学生一本他的专著《口才是练出来的》，给出十个名额。他的提议一提出，现场又是一阵骚动……

但是情绪和心理与他刚上台时完全相反……

于是，10名学生分别唱出或说出了10首当地的歌曲或歌名，翟杰老师或演唱、或说明，一一对唱、对答如流……

他准备的《口才是练出来的》一本都没送出去。

第一回合的对歌式"对话"翟杰老师胜利了。就此开始正式对话吗？

他认为时机还没到，或许有些学生还没有心服口服。于是他又抛出第二个提议：我出题目，学生回答，而且只出一个问题，答对送十本书。这其中的心理玄机，您一定也感觉出来了。

他出的题非常简单：哪座山与当地一座名山齐名？

学生们争先恐后，连续说出了当地所有的山，甚至与当地接壤的山名都说出来了，但都不是正确答案，翟杰老师准备的书自然一本也没送出去。后来，学生们一再承诺：如果翟杰老师说的答案被他们认可，今晚这次对话会他们一切都听他的。

有了这样的承诺，翟杰老师便说出了那座名山的山名。其实，这座山有两个名字，只有同一座山，才可严谨地称为“齐名”山。为了进一步证实答案的正确性、权威性、可靠性，他又例举出了在此地拍摄的两部电影，并背诵了其中一部电影的一段台词，演唱了另一部电影的插曲。

就这样，这次非同寻常、别开生面、转危为安的对话会圆满结束，达成了各方人士都满意的结果。

在此之后，他又连续作了六场同样的对话演讲，不过不是指派，而是受邀。

这其中首选要把握的节奏就是，不要和学生对抗，你再大的声音，也抵不过3000多人的喊叫。等他们稍微静下来，声音不要太大地娓娓道来，相反引起众人的注意力。然后避实就虚，提出对歌的要求，这样讲学生体内的气撒出来，然后再通过一问一答，一唱一和，转移矛盾；然后再以暗含的以一当十，彻底征服众人，最后进入正轨。

第十四般口才

论辩口才

PK

论辩，又被称为舌战，即语言和口才的战斗。国与国之间、团队与团队之间、人与人之间，论辩都无处不在，它涉及政治、经济、军事、外交、谈判、研讨、家庭等各个领域。

论辩口才与对话口才有相似之处，不同的是，对话大多是和风细雨，而论辩是暴风骤雨。论辩是一门学问，更是一个国家、团体及个人的学识、修养、智慧和语言的综合素养。

《墨子·经说上》中说："辩，争彼也；辩胜，当也。"意思是说，论辩就是人与人之间彼此争论，谁正确，谁就获胜。《墨子·经说下》中又对此作进一步说明："俱无胜，是不辩也。辩也者，或谓之是，或谓之非；当者胜也。"意思是说，如果没有是与非的区别，双方没有分出胜负，那就无所谓论辩。之所以有论辩，就是因为有的人认为正确，有的人认为错误。论辩的结果应该是正确观点获得胜利。

因此，论辩者要获得胜利，就要具有广博的知识、敏捷的才思、较强的思辨、良好的嗓音条件和较好的语言能力。古人说："有理不在声高。"但又说："有理言自壮，负屈声必高。""器大者声必闳。"

公孙龙是战国时期赵国的名家，也是“诡辩学”的祖师。他十分注重和有本事的人交朋友，广泛结识天下名士。

一天，一位衣衫褴褛的人前来拜见，自诩声音洪亮，嗓门粗大，善于大声喊叫。公孙龙想到自己的学生里没有这样的人才，便将此人收为弟子。

不久，公孙龙带着弟子们北上燕国，来到黄河岸边时恰好渡船停在对岸，急于渡河的公孙龙便请刚刚入门的弟子向对岸呼喊。这弟子只喊了一声，对岸船家便将船划了过来。

一 论辩的类型

论辩无处不在，涉及各个领域，其类型包括政治、思想、哲学、科技、文化、学术、经济、商业等。

二 论辩的原则

阐述自己观点，尊重对方人格，杜绝人身攻击，把握雅俗之度。

三 论辩的方法

从战略上说：破题立论、引经据典、寻找漏洞、避免硬伤、一剑封喉。

从战术上讲：求新求奇、逻辑性强、言简意赅、寓意深刻、刚柔相济、急缓相通、语气多变、风趣幽默。

四 强烈的思辨

下面这一段医生与“患者”的论辩，一环扣一环，每一个回合都充满着思辨性。

病治好你付三百　治不好我赔三千

一家诊所打出一则广告：病治好付三百，治不好赔三千。

有一位自以为聪明的人，认为有机可乘，于是来到诊所。

下面，就是“患者”与医生富有思辨性的对话。

患者：“医生，你家广告的承诺算数吗？”

医生：“当然算数！”

患者：“如果我的病你治不好，你一定赔我三千元吗？”

医生：“当然，一言既出，驷马难追！”

患者："我味觉丧失了，吃什么都没味儿。"

医生："好办。护士，拿2号药水来。"

患者："医生，你广告的承诺可要算数，不能失信。"

医生："放心吧，我一定信守承诺。护士，把2号药水给他喝一小口。"

护士将2号瓶里的药水交给患者，患者刚喝下一小口，马上吐了出来，说道："你这叫什么医生？你给我喝的是汽油。"

医生："恭喜你！你的味觉恢复了！喝出了汽油味儿，交三百元，我们彼此都不失信。欢迎下次光临！"

这位自以为聪明的"患者"觉着吃了亏，准备找机会挽回损失，于是，一周后第二次来到这家诊所。

医生："你怎么又来了？"

患者："医生，我失去记忆了，除了能想起你这个诊所外，别的我什么都想不起来了。"

医生："看来你的病比上次严重了。护士，拿2号药来。"

患者："医生，你以为我是傻子呀，2号药是汽油。"

医生："恭喜你，你的记忆恢复了！交三百元，我们彼此都不失信。欢迎下次光临！"

这位"患者"还不甘心，又想出一个好主意，一周后第三次来到这家诊所。

患者："医生，我这次眼睛看不见了。"

医生："我不是眼科医生，眼病我可没有办法治。抱歉了！"

患者："医生，既然你说治不了，按照广告承诺，你得赔我三千元。"

医生一边说："我服输，我服输"，一边从抽屉里拿出一沓白纸，递给患者。

患者：“医生，你怎么拿白纸来骗我呀！”

医生：“恭喜你！你的视力恢复了！交三百元，我们彼此都不失信。欢迎下次光临！”

五 有力的攻击

所谓有力的攻击，是指双方或多方对某一个或几个问题在辩论中主动进攻并获得良好效果的语言能力。首先要做好相关的准备：

第一、要选好素材

既要论点鲜明，又要论据充分。论点要新奇而不偏离主题，论据要充实更要服务主题。

第二、要占据主动

既要先声夺人，又要牵制对方。先声夺人，就是要先提出问题；牵制对方，就是要让对方跟着自己的思路走。

第三、要设置障碍

设置两难问题，让对方左右为难；运用逻辑归谬，把对方逼入窘境。

诸葛亮舌战群儒

东汉末期，曹操挟天子以令诸侯，较有实力的军阀大多都被他消灭了，唯独刘备、孙权两个集团尚有独霸一方的实力。曹操自知一口难以吞并这两股势力，于是欲与东吴孙权合二为一，消灭刘备。

孙权手下的谋士，大多都主张投靠曹操，以求自保，只有鲁肃反对联曹抗刘，主张联刘抗曹。鲁肃自知以一己之言难以说服孙权和东吴百官，于是特邀诸葛亮助自己一臂之力，充当说客。

张昭等见孔明器宇轩昂，料到此人必来游说。

张昭先以言挑之曰："昭乃江东微末之士，久闻先生高卧隆中，自比管、乐。此语果有之乎？"

孔明曰："此亮平生小可之比也。"

昭曰："近闻刘豫州三顾先生于草庐之中，幸得先生，以为如鱼得水，思欲席卷荆襄。今一旦以属曹操，未审是何主见？"

孔明自思张昭乃孙权手下第一谋士，若不先难倒他，如何说服孙权？遂答曰："吾观取汉上之地，易如反掌。我主刘豫州躬行仁义，不忍夺同宗之基业，故力辞之。刘琮孺子，听信佞言，暗自投降，致使曹操得以猖獗。今我主屯兵江夏，别有良图，非等闲可知也。"

昭曰："若此，是先生言行相违也。先生自比管、乐，管仲相桓公，霸诸侯，一匡天下；乐毅扶持微弱之燕，下齐七十余城。此二人者，真济世之才也。先生在草庐之中，但笑傲风月，抱膝危坐。今既从事刘豫州，当为生灵兴利除害，剿灭乱贼。且刘豫州未得先生之前，尚且纵横寰宇，割据城池；今得先生，人皆仰望。虽三尺童蒙，亦谓彪虎生翼，将见汉室复兴，曹氏即灭矣。朝廷旧臣，山林隐士，无不拭目而待，以为拂高天之云翳，仰日月之光辉，拯民于水火之中，措天下于衽席之上，在此时也。何先生自归豫州，曹兵一出，弃甲抛戈，望风而窜；上不能报刘表以安庶民，下不能辅孤子而据疆土；乃弃新野，走樊城，败当阳，奔夏口，无容身之地，是豫州既得先生之后，反不如其初也。管仲、乐毅，果如是乎？愚直之言，幸勿见怪！”

孔明听罢，哑然而笑曰：“鹏飞万里，其志岂群鸟能识哉？譬如人染沉疴，当先用糜粥以饮之，和药以服之；待其腑脏调和，形体渐安，然后用肉食以补之，猛药以治之，则病根尽去，人得全生也。若不待气脉和缓，便投以猛药厚味，欲求安保，诚为难矣。吾主刘豫州，向日军败于汝南，寄迹刘表，兵不满千，将止关、张、赵云而已，此正如病势尫羸已极之时也。新野山僻小县，人民稀少，粮食鲜薄，豫州不过暂借以容身，岂真将坐守于此耶？夫以甲兵不完，城郭不固，军不经练，粮不继日，然而博望烧屯，白河用水，使夏侯惇、曹仁辈心惊胆裂，窃谓管仲、乐毅之用兵，未必过此。至于刘琮降操，豫州实出不知；且又不忍乘乱夺同宗之基业，此真大仁大义也。当阳之败，豫州见有数十万赴义之民，扶老携幼相随，不忍弃之，日行十里，不思进取江陵，甘与同败，此亦大仁大义也。寡不敌众，胜负乃其常事。昔高皇数败于项羽，而垓下一战成功，此非韩信之良谋乎？夫信久事高皇，未尝累胜。盖国家大计，社稷安危，是有主谋。非比夸辩之徒，虚誉欺人——坐议立谈，无人可及；临机应变，百无一能。诚为天下笑耳！”这一番雄辩，说得张昭哑口无言。

座上忽一人抗声问曰：“今曹公兵屯百万，将列千员，龙骧虎视，平吞江夏，公以为何如？”

孔明视之，乃虞翻也。孔明曰：“曹操收袁绍蚁聚之兵，劫刘表乌合之众，虽数百万不足惧也。”

虞翻冷笑曰：“军败于当阳，计穷于夏口，区区求教于人，而犹言‘不惧’，此真大言欺人也！”

ROUND 1
诸葛亮
VS
张昭
ROUND 2、3、4……

孔明曰："刘豫州以数千仁义之师，安能敌百万残暴之众？退守夏口，所以待时也。今江东兵精粮足，且有长江之险，犹欲使其主屈膝降贼，不顾天下耻笑。由此论之，刘豫州真不惧操贼者矣！"虞翻不能对。

座间又一人问曰："孔明欲效仪、秦之舌，游说东吴耶？"

孔明视之，乃步骘也。孔明曰："步子山以苏秦、张仪为辩士，不知苏秦、张仪亦豪杰也。苏秦佩六国相印，张仪两次相秦，皆有匡扶人国之谋，非比畏强凌弱、惧刀避剑之人也。君等闻曹操虚发诈伪之词，便畏惧请降，敢笑苏秦、张仪乎？"步骘默然无语。

忽一人问曰："孔明以曹操何如人也？"孔明视其人，乃薛综也。

孔明答曰："曹操乃汉贼也，又何必问？"

综曰："公言差矣。汉传世至今，天数将终。今曹公已有天下三分之二，人皆归心。刘豫州不识天时，强欲与争，正如以卵击石，安得不败乎？"

孔明厉声曰："薛敬文安得出此无父无君之言乎！夫人生天地间，以忠孝为立身之本。公既为汉臣，则见有不臣之人，当誓共戮之，臣之道也。今曹操祖宗叨食汉禄，不思报效，反怀篡逆之心，天下之所共愤。公乃以天数归之，真无父无君之人也！不足与语！请勿复言！"

薛综满面羞惭，不能对答。

座上又一人应声问曰："曹操虽挟天子以令诸侯，犹是相国曹参之后。刘豫州虽云中山靖王苗裔，却无可稽考，眼见只是织席贩屦之夫耳，何足与曹操抗衡哉！"

孔明视之，乃陆绩也。孔明笑曰："公非袁术座间怀橘之陆郎乎？请安坐，听吾一言：曹操既为曹相国之后，则世为汉臣矣；今乃专权肆横，欺凌君父，是不惟无君，亦且蔑祖；不惟汉室之乱臣，亦曹氏之贼子也。刘豫州堂堂帝胄，当今皇帝，按谱赐爵，何云无可稽考？且高祖起身亭长，而终有天下；织席贩屦，又何足为辱乎？公小儿之见，不足与高士共语！"陆绩语塞。

座上一人忽曰："孔明所言，皆强词夺理，均非正论，不必再言。且请问孔明治何经典？"

孔明视之，乃严畯也。孔明曰："寻章摘句，世之腐儒也，何能兴邦立事？且古耕莘伊尹，钓渭子牙，张良、陈平之流，邓禹、耿弇之辈，皆有匡扶宇宙之才，未审其生平治何经典。岂亦效书生，区区于笔砚之间，数黑论黄，舞文弄墨而已乎？"严畯低头丧气而不能对。

忽又一人大声曰："公好为大言，未必真有实学，恐适为儒者所笑耳。"

孔明视其人，乃汝阳程德枢也。孔明答曰："儒有君子小人之别。君子之儒，忠君爱国，守正恶邪，务使泽及当时，名留后世。若夫小人之儒，惟务雕虫，专工翰墨，青春作赋，皓首穷经；笔下虽有千言，胸中实无一策。且如扬雄以文章名世，而屈身事莽，不免投阁而死，此所谓小人之儒也，虽日赋万言，亦何取哉！"程德枢不能对。众人见孔明对答如流，尽皆失色。

六 坚实的防守

俗话说：先下手为强，先声夺人。但也未必，有些时候先下手为强，有些时候也许后发制人更精准。

张仪孟子初舌战

张仪在魏国初遇孟子，彼时魏惠王当朝，对一切名士敬而远之。张仪是纵横家，而孟子对纵横派嗤之以鼻，不以为然。

孟子说道：“此等人物朝秦暮楚，言无义理，行无准则；说此国此一主张，说彼国彼一主张，素无定见，唯以攫取高官盛名为能事。譬如妾妇娇妆，以取悦主人，主人喜红则红，主人喜白则白；主人喜肥，则为饕餮之徒；主人喜细腰，则不惜作践自残；其说辞之奇，足以悦人耳目，其机变之巧，足以坏人心术。此等下作，原是天下大害，若执掌国柄，岂不羞煞天下名士！”

张仪闻听孟子一番言语，直言回击道：“纵横策士图谋王霸大业，自然忠实与国，视其国情谋划对策，而不以一己之义理忖度天下。若其国需红则谋白，需白则谋红，需肥则谋瘦，需瘦则谋肥，何异于亡国之奸佞？所谓投其所好，言无义理，正是纵横家应时而发、不拘一格之谋国忠信也！纵为妾妇，亦忠人之事，有何可耻？却不若孟夫子游历诸侯，说遍天下，无分其国景况，只坚执兜售一己私货，无人与购，便骂遍天下，犹如娼妇处子撒泼，岂不可笑之至？”

这是张仪孟子第一次舌战，这实际上是一次不同政道的论战。

第十五般口才

应变口才 PK 一锤定音

应变口才，是检验一个人在突发事件和问题面前的反应速度、反应思维及反应口才。

应变特点——智慧与幽默

语言是应变的方法，应变是语言的智慧。一个人如果能在各种意想不到的情况下，借助语言的力量机智应对，就会立于不败之地。它的基本要求是：头脑清晰、思维敏捷、反应迅速、眼疾嘴快。具体有以下几个方面。

1 语言的精炼

应变的智慧语言通常是短小精悍的，也就是一语中的、一字千钧、一言以蔽之。精练是应变语言的第一要素。演说家刘吉教授在各种场合对提出的问题都能予以精练的回应。

有人问："您如何对待生活中的'酸甜苦辣'呢？"

乍一听，这句话可以答，但不好答。要想说透这个问题很难，要用精练的语言说明就更难了。而刘吉教授没有天马行空地大发议论，而是紧紧地抓住“酸、甜、苦、辣”这四个字，一字千钧地予以回应。

刘吉：“生活中的‘酸甜苦辣’各具功能——

‘酸’能唤人清醒，

‘甜’能令人陶醉，

‘苦’能示人警惕，

‘辣’能给人激励。”

这短短的四句话，直接应对“酸、甜、苦、辣”这四个字，简练而又精悍，达到了应有的效果。

2 语言的内涵

有些人讲话，听起来味同嚼蜡；有些人讲话，却让人津津有味。这其中不乏语言内涵的作用。讲话内涵深刻，给人启发，令人难忘；讲话平铺直叙，平淡肤浅，自然让人感觉乏味。语言的内涵可以检验一个人的文化修养。

有人问：“我们在书摊上买到一些关于演讲的书，读完之后，似乎没多大用，仔细研究，发现似乎是写作文的方法，您认为我的看法对吗？”

李燕杰说：“我也有同感。过去，很多演讲方面的书是写作老师写的，他们虽有写好书的愿望，但缺乏演讲的实践。”

书面表达与口头表达虽有相通、相近之处，但有一条根本上的差异：一个是让文字躺在纸上，让人来读；一个是让躺在纸上的文字站起来，走向听众，让人家听。想让文字入耳，还必须由演讲家再创造、再加工，使之有声、有形、有色，使“黑白片”变成“彩色片”、使“窄银幕”变为“宽银幕”、使“单声道”变成“立体声”。

3 语言的智慧

语言的智慧指在应对各种问题和情况时，在语言上不仅要体现思维的智慧，还要体现语言的智慧，把思维智慧和语言智慧融为一体，形成真正体现内与外、道与术相结合的智慧。

4 语言的幽默

幽默是一种口才，也是一种机智，更是一种胸怀。说话风趣诙谐、幽默睿智是最高的语言艺术。关于幽默，我们会在第十八般口才专题中论述，在此仅举一例。

听众问："在演讲中，怎样在讽刺中不失幽默？"

李燕杰说："一些人在演讲中一讽刺，就惹人讨厌；一幽默，又显得很粗俗。怎么办？这就要在实践中不断提高自己的修养。我举一个例子，供参考。

爸爸打电话给儿子说：'今晚有应酬，不回来吃饭了。'

儿子问爸爸什么叫应酬？爸爸说：'不想去，又不得不去的叫应酬。'

第二天早上，儿子准备上学时说道：'爸爸，我要去应酬了。'"

这是李燕杰教授举的一个使用应变语言的例子，可谓以应变对应变，处处应变。

综上所述，语言的应变体现一个人的机智与灵活，应变的语言彰显一个人的智慧和水准。想要掌握好语言的应变，就要积累大量的知识，将这些知识融会贯通，迸发出智慧的火花；想要掌握好应变的语言，就要多掌握词汇，将这些词汇活学活用，语出惊人，语惊四座。

第十六般口才

即兴口才 PK 抓乖弄俏

即兴口才与应变口才有很多相似之处，都是面对突发情况予以应变的语言形式，但是细分析起来还是有区别的。即兴口才分为即兴提问、即兴回答两个方面。

一 即兴口才的特点

具有临场性：须当即打腹稿，临场发挥。

具有敏捷性：时间短暂，立即组织材料。

具有简练性：不能过于冗长，简洁生动。

二 即兴口才的技巧

灵活多样，生动开篇；

设置悬念，激发兴趣；

语言简洁，题眼明确；
风格独特，轻松幽默。

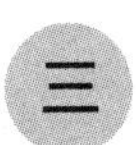

把握整体布局

紧抓题眼，进入主题；
引发联想，找到触点；
承上启下，求新创意；
思维敏捷，快速反应；
整体考虑，谋篇布局。

精巧选材是关键

选世界舞台上的“重磅”题材
选社会生活中的“热点”题材
选具有开创性的“尖端”题材
选典型并突出的“暴露”题材
选突发性的重大“实事”题材
选价值密集型的“信息”题材
选具地方特色的“乡土”题材

五 即兴提问的基本技巧

未准备好：踢球式提问；
已准备好：吸引式提问；
调查研究：智慧式提问；
解脱尴尬：幽默式提问。

1 正问千遍不回答　反问一句开话匣

人们经常说，会说的不如会听的。我们经研究发现，会听的不如会问的。中国有句成语叫不耻下问，但有很多人耻于下问，不敢问、不屑问、不会问，问不到点子上，对方不愿回答。

1992年，翟杰老师应邀赴长春参加首届长春电影节并负责采访。在众多影视明星中，陈佩斯最受关注，采访者、合影者络绎不绝，他到哪里都被围得水泄不通。各家媒体记者更是紧追不舍，连连发问，几乎都是问一个问题：“请您谈谈‘小品’”。

对于这个问题，陈佩斯很有礼貌地说：“这个问题我已经多次回答，报纸、杂志、广播、电视都有报道。”

翟杰老师认为他的潜台词是——有新的提问吗？

于是，翟杰老师便等众多记者渐渐散去之时，即兴问了一句：“佩斯，请问‘小品’与‘大品’的区别是什么？”

听到这句提问，陈佩斯眼睛一亮，就“小品”与“大品”作了一番精彩的论述。

2 中医学院问中医　回答令人不满意

2016年，翟杰老师应邀去一所省级中医药大学演讲。一上讲台，发现全场2000多名师生都在窃窃私语，根本没有把注意力集中在讲台上。

他经过短暂地观察后推断：这是一所专业性非常强的大学，是否因为我不是学医的，又貌似年轻，所以对我不屑一顾？

于是，他灵机一动，即兴调整开场白："各位同学，我不是学中医的，请教各位一个你们也许认为小儿科的问题——何谓中医？"

马上有人回答："中国的医学。"

翟杰老师说道："不错，但是不对！"

经过这一问一答一否定，全场静了下来。于是，翟杰老师便从何谓中医的话题讲起，慢慢地进入演讲主题。如果没有上述的即兴调整，他的演讲一定不会获得良好的效果。

六  即兴回答的基本技巧

储备知识：直接应答；

避实就虚：婉转应答；

轻车熟路：机智应答；

正中下怀：幽默应答。

1 中国演讲教育艺术泰斗——李燕杰教授案例

问：“您的演讲为什么受到群众欢迎？”

李：“一时成败在于权和钱，千古成败在于情和理。我手中一无权、二无钱，为什么我的演讲还能受欢迎？一靠情——真情，二靠理——真理。二者结合，必然产生良好的效果。做到上述两点方能赢得群众。”

问：“什么叫戏曲？”

李：“曲是曲也，曲近人情越曲越妙；戏岂戏乎？戏合事理越戏越真。文中有戏，戏中有文；识文者看文，不识文者看戏。”

问：“曲和调有什么不同？”

李：“音里藏调，调里藏音；懂调者听调，不懂调者听音。”

2 中国著名演讲对话艺术家——刘吉教授案例

问：“你的人生哲学是什么？”

刘：“不断进取。”

问：“你认为朋友间相处最忌讳的是什么？”

刘：“误解。”

问：“你最害怕的是什么？”

刘：“办事缺乏信心。”

问：“你最不怕的是什么？”

刘：“妻子对我的批评和埋怨。”

问：“你认为什么样的人最可恨？”

刘：“本来就可恨，还在干更让人可恨的事的人。”

问：“你认为什么样的人最可笑？”

刘：“本来就可笑，而自己还没感到可笑的人。”

问：“你认为什么样的人最可怜？”

刘：“本来就可怜，而自己还没有认识到可怜的人。”

问：“你认为一个人最可悲的是什么？”

刘：“不会爱人，也不会被人所爱。”

3 翟杰老师的个人案例

急中生智

2005年，翟杰老师应邀赴杭州参加一个浙商经济高峰论坛，组委会原定他是第四个演讲者。然而，就在论坛正式开始前，突然通知他第一个演讲。他毫无准备，甚至连准备演讲穿的白色西装的上衣扣子都没系好，电脑、幻灯片更是无暇顾及，匆忙登台后即兴发挥说出了下面的开场白：“大家好！我是翟杰，本来我是第四个演讲者，可能由于我身穿一套白色西装，上衣又是敞开的，所以组委会临时决定，让我做今天论坛的开场白。”

翟杰老师借用“敞开的白色上衣”与“开场白”的谐音，完成了“开场白”。

抓住主题

有一次，翟杰老师在清华大学为“中国移动”讲课。就在他即将登台授课之时，他的移动电话响了。这时，主持人已介绍完毕，全体学员在全神贯注地等待他的出场。他来不及放下电话，一边向电话那头说明他马上要讲课，课后再谈；一边急匆匆地走进教室。他站到讲台上，用眼光一扫，发现很多学员似乎对他接电话的行为表示不满。他马上即兴解释道："各位学员，首先我要向大家道歉，刚刚一边接电话一边走进教室，有些不礼貌；但似乎符合今天的主题和对象，因为各位都是移动公司的领导，所以我用移动通话的方式登台，正表现了移动电话的特点。"

这番话一说出，全场气氛焕然一新。甚至很多学员认为这个特别的场景，是他有意设计的。

见景生情

有一次，翟杰老师应邀为青海西宁的黄河水电公司讲授《墨子团队管理》课程。就在登台的刹那间，他的脑海中突然蹦出了唐代大诗人李白《将进酒》的诗句，眼前出现了黄河奔腾汹涌的画面，于是，他即兴更改了原定的开场白："君不见，黄河之水天上来，奔流到海不复回。"

说到这里，全场掌声一片……

他突然话锋一转，厉声喝道："错！大错特错！"

顿时，全场500多人目瞪口呆，鸦雀无声……

稍事停顿，他用更高昂的声音朗诵道："君已见，黄河之水青海来！"

这时，全场学员恍然大悟，如梦方醒，热烈鼓掌……

程度远远超过前一次……

还有一次，翟杰老师去山西师范学院为3000多名在校大学生讲课。抵达学校之后，校方领导特别强调：讲课的时间是晚上；课程既是选修课，又是公开课；学生自由参加，没有限制。

听了校方领导的介绍，翟杰老师明白了潜台词是暗示他做好充分准备，这是一个具有挑战性的课程——讲得好，可能满堂喝彩；讲得不好，听众可能寥寥无几。

他由下榻的宾馆乘车到学校的途中一直在想：这次课程如何吸引学生，从而达到满意的课程效果呢？

思忖间，已经来到学校大门前，透过车窗，他看到一些卖水果的商贩，仔细瞧瞧，卖的有苹果、梨、杏、大枣、樱桃……

当他看到樱桃时，一首著名的山西民歌——《幸福不会从天降》优美的旋律回荡在他的脑海中。于是，他马上下车，买了一小篮樱桃。

陪同的校方领导见翟杰老师买樱桃，连忙解释道：“翟教授，很抱歉！我们准备了很多水果，不知道翟教授喜欢吃樱桃……”

翟杰老师马上抢过话题：“校长，这樱桃不是我吃，而是给同学们的。”

校长听他这么一说，一脸的疑惑。

翟杰于山西师范学院演讲

翟杰老师神秘地说："校长，一会儿有好戏看。"

课程如期开始，能容纳3000多人的大礼堂上座率在70%左右。校长简要介绍后，翟杰老师便登场了，但不是在前台，而是在学生的座位中间。"樱桃好吃树难栽，不下苦功花不开；幸福不会从天降，社会主义等不来……"

他一边唱，一边从学生的座位中间走出，将篮中的樱桃，一把一把地递到学生的手上，将最后一把樱桃抛向空中……

顿时，全场一片欢腾……

调动灵感

在海南省委组织的一次厅、局级干部培训中，最后一节课之前组织部的领导对翟杰老师说："我们每次培训或举办活动，最后一个环节都是大家齐唱象征海南名片的歌曲《请到天涯海角来》，您可以安排吗？"

"没问题。"翟杰老师悄悄地让助教做了相应的安排。

当课程来到最后一个环节，他如约播放了《请到天涯海角来》。全体学员齐声高唱。

"请到天涯海角来，这里四季春常在；
海南岛上春风暖，好花叫你喜心怀；
三月来了花正红，五月来了花正开；
八月来了花正香，十月来了花不败；
来呀……来呀……来……来呀……来……
请到天涯海角来，这里瓜果遍地栽；
百种瓜果百样甜，随你甜到千里外。"

当全体学员唱到这里时，翟杰老师已经做好了相应的准备。
当学员们唱到“柑橘红了叫人乐”时，
他就把准备好的柑橘抛向学员……
当学员们唱到“芒果黄了叫人爱”时，
他就把准备好的芒果抛向学员……
当学员们唱到“芭蕉熟了任你摘”时，
他就把准备好的芭蕉抛向学员……
当学员们唱到“菠萝大了任你采”时，
他就把准备好的两个大菠萝抛向学员……
大家一边抢一边唱：“来呀……来呀……来……来呀……”
看到菠萝时，大家不仅不唱了，还纷纷躲开……
翟杰老师怎么能抛出那满身尖刺儿、又大又重的菠萝呢？
他做一个抛出的动作，又收了回来……

第十七般口才

智慧口才PK拐子马阵

“一言之辩重于九鼎之宝，三寸之舌强于百万之师。”纵横家创始人鬼谷子做到了！因为他的口才蕴涵智慧。

“一言兴邦，一言丧国。”鬼谷子的弟子们做到了！因为他们的口才发挥智慧。

古往今来，口才训练第一人是鬼谷子。口才运用第一人是鬼谷子弟子们。

旷世奇书《鬼谷子》的十七篇中，字里行间都是智慧口才的诠释。

一 纵横捭阖智慧口才

谈古论今，借古喻今；
旁征博引，以今溯古；
面对善人，善言以对；
面对君子，真言以对；
面对恶人，厉言以对；

面对奸人，智言以对；
面对小人，无言以对。

1 纵横智慧口才案例

张仪愤怒斥孟轲　唇枪舌剑散魂魄

在齐国国都临淄，亚圣孟轲在齐宣王和众人面前先是诽谤刚刚遇刺身亡的苏秦，后又挑衅张仪与孟尝君。张仪先是轻蔑一笑，后执杖直指孟轲怒曰："儒家大伪，天下可证。在儒家眼里——

人皆小人，唯我君子；
术皆卑贱，唯我独尊；
学皆邪途，唯我正宗。
墨子兼爱，你孟轲骂做无父绝后；
扬朱言利，你孟轲骂成禽兽之学；
法家强国富民，你孟轲骂成虎狼苛政；
老庄超脱，你孟轲骂成逃遁之说；
兵农医工，你孟轲骂为末技细学；
纵横策士，你孟轲骂作妾妇之道；
你张扬刻薄，出言不逊，损遍天下诸子百家，
却大言不惭，公然以王道正统自居。
平心而论，儒家自己究有何物？你孟轲究有何物？
一言以蔽之，
尔等不过一群四体不勤、五谷不分的书呆子，
整天淹没在那个消逝的大梦里，
惟知大话空洞，欺世盗名而已！

国有急难，邦有乱局，儒家何曾拿出一个有用主意？！

孟轲张口结舌，无言以对，瘫软在地，被扶而出。

2 捭阖智慧口才案例

苏代讲给淳于髡 伯乐相马免舌辱

有个商人贩卖骏马，每天起早贪黑，喊破了嗓子也没人买。

商人的马的确是骏马，奈何缺乏知名度，不能引起人们注意。于是商人去拜访著名相马专家伯乐。他对伯乐说：“我有骏马，想把它卖掉，可惜没人买。恳请先生明天能对我的马打量一番，离开时再回头看看。我愿意把一天的收入都献给您。”伯乐答应了。

第二天，伯乐来到市场，绕着商人的马仔细打量，微微点头，离开时走几步回头看一眼，就这样一步三回头，渐渐走远了。

来往的客户认出了相马大师，并根据伯乐的表情和动作判断商人的马肯定是好马，纷纷来求购。商人坐地起价，把价格涨了十倍。

在这则案例中，商人和伯乐不仅实现了双赢，而且都生动地展示了什么叫“不言而言，以静制动”。

卖马者难卖骏马，说到底是因为他的知名度不够。按照人们的惯性思维，名人一句废话都要比无名小卒的五千言值钱。这就是品牌效益和名人光环。伯乐是天下闻名的相马大师，他鉴定的千里马没有一个是假冒伪劣的。这就是专家认证的公信度。

伯乐的高明之处在于舍弃对话形式来传达信号，虽然一句评语都没说，但通过肢体语言引发那些“聪明”人联想：根据常理推断，如果不是好马，伯乐大师是不屑于停下来仔细看的。伯乐准备离开时又回头看，说明这匹马的优良程度超出了他的初步鉴定。

就这样，商人都不用吆喝，通过伯乐的行为让周围的人意识到了马的价值，原本困难的生意就顺利做成了。

会“捭”固然巧，会“阖”更为妙，精通“捭阖”为巧妙。

浪淘沙·捭阖

世间人之性，
百变多情，
贤德聪明人常有，
愚蠢怯懦不足惊，
因人而应。

开施贤德之人，
闭施愚蠢，
智圆行方天地道，
纵横捭阖细思忖，
以人治人。

1 说听问中藏智慧

会说的不如会听的
会听的不如会问的

会学会问方有学问

会反问方为大学问

2 钓人之网宜张开

自己平静，以便听取对方的言辞；

考察事理，论说万物，辨别雌雄。

他人说话，是活动；自己缄默，是静止。

他人说话，是暴露；自己缄默，是探寻。

3 反听智慧探鬼神

闻“诤言”不怒——虚心接受

闻“微言”不弃——细心琢磨

闻“褒言”不喜——小心谨慎

闻“错言”不怨——留心加勉

闻“无言”不安——扪心自问

4 反说智慧测真伪

会说反话，以便观察对方反映；

想要讲话，反而沉默静观对方；

想要敞开，反而收敛刺探对方。

厨艺高超遭陷害　文公反听真相白

晋文公请客吃饭，发现有头发缠在烤肉上面，大怒，下令杀掉烤肉的厨师。

厨师大喊说：“哎呀！我有三条罪状。”

晋文公说："你讲的是什么意思？"

厨师回答说："我的刀很锋利，骨头被砍断，头发却砍不断，这是我的第一条死罪；我用上好的木炭，炉火通红，肉都烤熟了，却没有把头发烧掉，这是我的第二条死罪；在烤肉时，我上下左右翻动，仔细检查肉的生熟情况，却没有发现头发，这是我的第三条死罪。小人失职，甘愿受罚。"

这番话引起了晋文公的思考，后经调查确定，是另一个厨师嫉恨这个烤肉的厨师，试图陷害。

西江月·反应

欲闻其声反默，
欲擒故纵反作；
声东击西知彼己，
南辕北辙而过。

用心投石问路，
天神看门守护；
螳螂捕蝉黄雀后，
张网而待胜数。

三 一语中的内楗口才

1 内楗途径之秘诀

“内”就是采纳意见；“楗”就是进献计策。

若想要说服他人，务必要先悄悄地揣测；

暗中分析是可是否，透彻辨明所得所失。

以道术进言应当合时宜，以便与君主的谋划默契配合。

用善于变化争取被采纳，就像门管接纳门楗一样顺当。

2 化育四时之秘诀

与上司谈过去的事情，要顺着他的意思分析：文过饰非，既往不咎。

与上司谈未来的事情，要用容易变通的言辞：留有余地，随机应变。

3 成功谏言之秘诀

在情况还没有明朗之前就去游说的人，定会事与愿违。

在还不掌握实情的时候就去游说的人，定要受到非议。

只有了解情况后再依据实际确定方法，才能推行主张。

既可以随心所欲地出去，寻找空间；

又可以游刃有余地进来，找到缝隙；

既可以适时地进谏君主，坚持己见；

又可以放弃自己的主张，随机应变。

投其所好抓人心 张仪一语值千金

鬼谷子的弟子张仪在楚国有一段时间很贫困，他的几个侍从看没什么指望，都纷纷要离开他。

张仪想：人都走了，谁来服侍我呀？不行，得把他们留住。他说："你们不要走，别看我现在贫困，想富非常容易。钱对于我来说，犹如探囊取物一般，不费吹灰之力。"

这些侍从们早就听厌了张仪的这番话，纷纷说："我们跟你好几年了，也没看你富起来，你无非是用这样的话来诓我们，不让我们走。不行，今天我们一定要走！"

张仪说："好，既然这样，我们打个赌，只要你们给我三天时间，我张仪就会成为千万富翁。"

侍从们一听，更不相信了，心想：我们跟你好几年了，都没见你富有，如今三天时间就能成为千万富翁？但是转念一想：几年都等了，再等三天也无妨。如果三天之内，张仪果真成为千万富翁，我们就留下，继续跟随他；如果不然，再走也不迟。于是他们异口同声地说："好！等你三天。"

第一天一大早，张仪到了楚王那里。见到楚王后，张仪说："大王，我听说作为一个国君，应该有'三美'。第一美叫美景，也就是您的国土幅员辽阔，名山大川，美景如画，这些楚国有；第二美叫美食，就是您的土地肥沃，五谷丰登，您也有；第三美叫美女。大王，您差的就是第三美。"

楚王说："我们楚国也有很多美女，比如南后、郑袖，都是美若天仙。"

张仪说："大王，我听说韩国美女是世界一流的。"接着，他开始描述韩国美女肌肤如何白如凝脂，身材如何婀娜多姿，走起路来飘飘欲仙等等，描述得如天仙一般。

他对张仪说："张仪，既然是这样，我就派你到韩国给我寻找美女。"

张仪答道："大王，遵命！我一定帮您找到韩国最美的美女。可是路途遥远，我没有那么多盘缠呀！"

楚王随即叫侍从拿来一些金银珠宝送给张仪，说："这叫定金。你去韩国寻找美女回来之后，我量情加赏。"

张仪拿了一些楚王给他的珠宝回家了。侍从们一看这么多的金银珠宝，心中暗喜，但仔细一清点，说："你不是说千万富翁吗？这远远不够呀！"

张仪说："别着急，我们约定的不是三天吗？还有两天呢。"

第二天，张仪又到楚王最宠爱的王后——南后那里去了。

张仪见到南后说："南后，我来向您道别！"

南后问："张先生，你要去哪里？"

张仪说："我要去韩国，去给大王寻找美女。"

南后一听，倒吸一口冷气："啊？我失宠了？大王不喜欢我了？要到韩国寻找美女，这不行！张仪你不能去！"

张仪说："没办法，我已经答应大王了，不去就是杀头之罪！"

南后忙说："要不你悄悄地到其他地方转一圈，就说没找到。"

张仪说："这叫欺君之罪，也要杀头的。"

南后为难了："那怎么办呢？"

张仪接着说："您看我这孤家寡人，穷困潦倒，我靠着给大王找来美女，得点赏钱来维持生活呀！"

一句话提醒了南后："张仪，你开个价，要多少钱？"

我一定帮大王找到韩国最美的美女！
拿着定金！寻回美女后，我量情加赏！
一千两黄金，答应我不去韩国寻找美女！
我答应您！一定不去韩国找美女！

张仪心里想：我跟人打赌三天当千万富翁，那就一千两黄金。于是他狮子大开口："一千两黄金"。

南后一听："什么？一千两黄金，太多了！"可她转念又一想：一千两黄金算什么？我有了黄金却失宠，再多的钱也没用呀！我今天能用一千两黄金得到大王的宠爱，以后要多少有多少，这舍和得的关系我还是算得出来的。于是她说："好！一千两黄金没问题，但你一定要答应我不去韩国寻找美女。"

张仪说："我答应您！一定不去韩国寻找美女！"他拉上这一千两黄金，赶着牛车回家了。

张仪到家后，侍从们一看："好家伙！我们的张先生真厉害，果真成了千万富翁。好！我们谁也不走了，继续跟着您干！"

张仪一高兴，来劲儿了，骄傲地说："一千两黄金算什么？这还没完呢。告诉你们，我还有办法得到更多金子。不是三天吗，还有一天，看我的！"

第三天早上，张仪又出门到楚王宠爱的妃子——郑袖那里去了。到了郑袖那里，他把在南后那里说的一番话又讲了一遍。因为郑袖和南后一样怕失宠，一听这样的情况，她马上问："那怎么办呢？"

张仪说："昨天南后给了我一千两黄金。"

郑袖说："人家南后实力比我强，我只能给您五百两。"

张仪心想：五百两也行，反正一千两已经够了，这又是白来的。于是，他又把这五百两黄金驮回家了。

侍从们大摆宴席庆贺。

餐后，侍从们酒醒了，纷纷对张仪说："张先生，我们还是要走哇！"

张仪不解地问："我没钱时，你们说要走；现在我有钱了，你们怎么还要走呢？”

侍从们说：“张先生，你闯下大祸了！我们如果不走就没命了！你答应大王去韩国寻找美女，又答应南后和郑袖不去，无论你去还是不去，大王、南后、郑袖这三个人，谁都得罪不起呀！这不是闯下大祸了吗！”

张仪听罢，微微一笑说：“不着急，不是还有半天时间吗！看我如何处理。”

临近傍晚时分，张仪再次来到楚王的大堂之上，他说：“大王，明天一大早我就要和您分别了，这次去韩国为您寻找美女，我一定尽心竭力。我们君臣即将分别，不知何日才能相见，今夜我们是否叙叙离别之情呢？”

楚王一听，觉得这是必须地：“来！准备好送行宴，美酒端上，佳肴备上。”于是，君臣二人推杯换盏，畅叙离别之情。

酒过三巡，菜过五味，张仪讲话了：“大王，您让我去韩国寻找美女，此事责任重大，我一定不辱使命，可是有些疑惑。”

楚王说：“疑惑什么？”

张仪说：“什么样的美人是大王最喜欢的？我没个标准呀！大王，请把您最喜欢的美女请出来，我按照这样的标准，再找更能讨大王欢心的美女，您看如何？”

楚王一听：“对啊，有道理，没有比较哪有鉴别呀？把后宫里倾国倾城的两位美女给我传上来。”

话音刚落，南后、郑袖两个人迈着婀娜多姿的小步走上来。南后、郑袖看到张仪在这儿，彼此心照不宣，掩面窃喜。

楚王美滋滋地介绍说：“这就是我们楚国的两位美女，这位是南后，这位是郑袖。”

楚王话音未落，张仪突然大声喊道："大王！臣有罪啊！臣有罪啊！"马上跪在地上连连磕头。

张仪的举动把楚王吓了一跳，忙问道："张先生，怎么回事？"

张仪说："哎呀！大王啊！大王啊！饶恕啊！张仪有罪啊！"

楚王又问："张仪何罪之有？"

张仪一本正经地说："大王啊，张仪走遍各国，也是见多识广、阅人无数，什么美人我没见过，可是今天看到南后、郑袖，真是天香国色，她们两个才是美女呀！大王您真有眼力呀！我实在无法寻找到比南后和郑袖更美的美女了！"

楚王见此情景，只好顺着说："你看，我就说我们楚国的美女是天下最美的，你非说韩国的美女好。好了好了！关于去韩国寻找美女之事，我看就算了吧。"

就这样，去韩国寻找美女之事，就此不了了之。

张仪为什么能够单凭寸舌，就能获得千两黄金，而后全身而退呢？因为他抓住了这三个人物各自的"楗"——

楚王之"楗"：第一，别的君王有"三美"，他只有"两美"，要的是面子；第二，张仪当着楚王的面，把寻找美女这件事捅破，楚王要维护自己及南后、郑袖的面子；第三，张仪最后给楚王一个台阶，楚王只能顺阶而下；更重要的一点是楚王爱江山更爱美人。抓住这几个"楗"，既能引起楚王的兴趣，又让他完全处于张仪的掌控之中。

南后、郑袖之"楗"是共同的：怕失宠。她们知道，一旦失宠，没有了地位，也就没有了一切，所以她们会尽全力维护自己的这个"楗"。

菩萨蛮·内楗

察言观色知其情，
投其所好控其行。
语中藏智慧，
万事皆大成。

思间须时当，
邹忌讽齐王；
以变求内术，
阡陌尽通畅。

四 弥补漏洞抵巇口才

世间万物皆有缝隙。自从天地之间有了“合离”“终始”以来，万物就必然存在裂痕。有时彼此距离很近，却互相不了解；有时距离很远，却彼此很熟悉。距离近而互相不了解，是因为没有互相考察言辞；距离远却能彼此熟悉，是因为经常往来互相体察。

张吴各让三尺墙　安徽桐城六尺巷

“六尺巷”位于桐城市区西后街，全长100米，宽2米。据《桐城县志略》记载：老宰相张文端公居宅旁有隙地，与吴氏邻，吴氏越用之。家人驰书于都，想报复对方。张英接到家书后，回书一封：

一纸书来只为墙，
让他三尺又何妨；
长城万里今犹在，
不见当年秦始皇。

于是，张家人按照张英的指示，退后三尺建造了自家的院墙。对面的吴家惭愧万分，也将自家的院墙后退三尺。

因此，留下了这传世百年的“六尺巷”，为后人所瞻仰效仿。

如今，我们在构建和谐社会的时代背景下，颂扬先人的“谦逊礼让美德”，以礼让之心和谐处世。

采桑子·抵巇

天地日月离合始，
离中有合，
合中有离，
女娲后羿举手治。

人间百事矛盾系，
你中有我，
我中有你，
攻守兼备万事吉。

五 巧妙赞美飞箝口才

在人际交往中，要考虑派别，区别各种议论；了解对内、对外的各种进言，引导对方表达真情实意，然后观察对方的表现；针对对方重视的问题进行游说，恭维对方使其相信自己，再用飞的方法诱出其爱好，最后采用箝的方法与对方达成共识。

任意拔高的赞美——言过其实

虚情假意的赞美——言不由衷

顾此失彼的赞美——言无伦次

人云亦云的赞美——言拾牙慧

不得要领的赞美——言不及义

长篇大论的赞美——言犹裹脚

违背事实的赞美——言之无物

一桶烂姜巧敬献　又欢心来又省钱

乾隆皇帝大寿之日，文武百官均进献奇珍异宝以示忠诚，唯独刘墉拎一只破烂木桶，盛上满满的生姜前来祝寿。

乾隆看到之后大为不悦，眉头一皱说：“爱卿送的礼物有点寒酸了吧。”

刘墉不慌不忙地说：“皇上，你看这桶里装的生姜像不像座山？臣送的礼物是有名字的，叫作：一统江山。”

乾隆皇帝听罢，转怒为喜，龙颜大悦，不但夸奖刘墉送的礼物有寓意，还大加奖赏他。

真人真事说真情　飞翔有度路一鸣

2011年，翟杰老师受中央电视台《奋斗》栏目组邀请做嘉宾评论员。有一次，当他刚走进演播大厅的时候，一位陌生人热情主动地迎上来问道："您是今天来做嘉宾评论员的翟杰老师吗？"

翟杰老师说："是的。您是？"并疑惑地看着对方。

陌生人："翟杰老师，您肯定不认识我，我叫路一鸣。但我认识您。您是我学习的榜样，是您指引我走上了节目主持之路。我是听着您的广播节目长大的，今天终于见到您了！"

听罢，翟杰老师似乎明白了，说道："您过奖了，我没有什么帮助您的地方呀！"

路一鸣："正是天天听您主持的节目，我才下定决心，一定要做翟老师那样优秀的节目主持人。"

听了路一鸣的这番话，翟杰老师更为从事过的主持工作感到骄傲。同时也深切地感到路一鸣是那样的谦虚。

忆秦娥·飞翔

量智能，
萧何月下追韩信。
追韩信，
财力气势，
尽在手心。

恶语伤人六月寒，
良言一句三冬暖，

三冬暖，
冰雪漫天，
阳光灿烂。

六 恩威并重忤合口才

忤合口才与反应口才有异曲同工之妙。它是通过善意批评、严厉打击的方式与人沟通并达到目的，最终帮助他人的口才艺术。

1 善意忤合见真情

以表扬的语调批评，让人感觉轻松；
以自省的感悟批评，让人感觉真诚；
以事例的危害批评，让人感觉生动；
以间接的提醒批评，这是一种委婉；
以建议的语气批评，这是一种睿智；
以宽慰的态度批评，这是一种包容；
以谈心的方式批评，这是一种教化；
以保护的心情批评，这是一种爱护。

逆势而为巧诽谤　张仪被激往秦邦

苏秦功成名就，已身挂六国相印，而他的师弟张仪却籍籍无名。苏秦在师父鬼谷子的授意下给师弟张仪写了一封信，邀请他到赵国，好为张仪谋个职业，帮他成就一番伟业。

张仪接到师兄苏秦的邀请，高兴万分，告别了师父，一路来到赵国。到赵国之后，张仪首先到相国府送上帖子，苏秦接到帖子，没有亲自接见，而是安排张仪先在馆驿歇息，等候召见。

张仪一连等了五天，苏秦没有任何消息。张仪数数身上带的盘缠发现不多了，于是又写了一封帖子，送到相国府。

张仪又等了五天，还是没有苏秦的消息。这时张仪身上的盘缠全部用完了，馆驿天天催他结账。情急之中，张仪又写了一封措辞严厉的帖子，大意是：我盘缠用完了，你再不接见我，我就回家了。

见到第三封帖子，苏秦马上给张仪回了一封信："明早相国府见，请你吃国宴。"

第二天一大早，张仪来到相国府。看门的兵丁拦住张仪说："苏相国有令，让你在此听候。"

张仪苦苦等了一上午，直到中午相国府才传下话来："苏相国有请！"

张仪走进相国府，拜见苏秦。可是苏秦却冷冷地坐在桌案后，连屁股都没抬，阴阳怪气地问道："来者是张仪吗？"

张仪回答道："然也，在下张仪，求见苏相国。"

苏秦仍官气十足，漫不经心地说："好！坐下吧。现已临近午时，我们共进午餐。"

一会儿工夫，宫内传菜的侍从左一道菜、右一道菜，山珍野味、生猛海鲜、鸡鸭鱼肉都摆到了苏秦的餐桌上。

张仪都看呆了，从来没见过这么丰盛的国宴，饿了几天的肚子更是叫得咕咕直响。张仪刚刚起身，苏秦马上说："慢！张仪，这是我的相国宴，你的快餐在下面，你哪有资格享用这样的国宴！"

话音刚落，侍从送上一饭一菜一汤，摆在张仪面前。

张仪厉声斥责苏秦道：“苏秦，我受你盛情邀请，真诚拜见，以求谋个一官半职，你我兄弟共同发展。没想到你对我如此怠慢，是何用心？你对得起师父吗？还念我们的兄弟之情吗？”

一番斥责之后，苏秦不但没有感到悔悟和愧疚，反而更加强势地说：“张仪，这是在我的相国府，你有什么资格与我这样讲话？告诉你，此次你来赵国，想让我帮你谋个一官半职，休想！你的才华不在我之下，可你现在却衣衫褴褛，蓬头垢面，一事无成，我如果推荐你，还怕脏了我的名声哪！”

张仪不解地问：“苏秦，你到底是什么意思？”

苏秦说：“什么意思？明确告诉你，在我这里你休想谋到任何职位，七个国家中我身揣六国相印，没有我的命令，不仅赵国不会用你，其他五国都不会用你！”

说到这儿，苏秦马上语调一转说：“尽管如此，但我还是念在同窗之友，给你十两金子，爱去哪儿去哪儿吧！”说着把十两金子无礼地往地上一扔。

张仪也是一身才华的血性男儿，遭到师兄苏秦如此奚落，怒火中烧，抓起地上的金子砸向苏秦，苏秦闪身躲过。

张仪怒目圆瞪，留下一句话：“苏秦，我告诉你，今天你对我的羞辱，日后我张仪必报此仇！”说罢拂袖扬长而去。

面对此景，苏秦没做任何道歉或挽留的姿态，更加洋洋得意。

张仪回到馆驿，刚进大堂就被团团围住：“好你个骗子，你说苏相国接见你，店钱苏相国会给你付，我们都知道你被苏相国赶出来了，现在必须结账交房钱，不然休想离开！”

无论张仪怎么解释，店家就是不依不饶。

正当他们纠缠的时候，来了一个人："什么事？什么事？干吗这么吵吵嚷嚷的？"

馆驿老板马上说："大人，这位张先生在本店骗住了半个多月，不给房钱要逃债！"

来人一听，厉声呵斥酒店老板说："不就一点房钱吗，放手！放手！差多少钱？我替张先生还。"

说话间，来人真的把张仪所欠的账全部还清了。

张仪一时不知所措，一再致谢，并问道："请问这位大人尊姓大名，日后张仪定当厚报。"

在张仪的一再催问下，来人才漫不经心地说："我叫贾舍人，区区小事，何足挂齿。我也是无意间经过这里。"紧接着贾舍人问道："张先生，究竟发生了什么事情？让您这位旷世人才如此难堪？"

张仪长叹了一口气，将事情原委说了一遍。

贾舍人听后，好言相劝说："既然这样，我看您还是回家吧。"

张仪说："我有何颜面回家。"

贾舍人又说："天涯何处无芳草，世上谁人不识君，到其他国家去试试吧！"

张仪更加无奈地说："七个国家中，有六个掌握在苏秦的手上，他说了，六个国家没有他的命令，谁都不敢收留我。"

贾舍人马上说："还有一个秦国呀！"

张仪自言自语道："秦国，那是我师兄的死对头。"一说到死对头，张仪忽然眼睛一亮，想道：对呀！我的师兄跟秦国是死对头，他今天如此待我，只有去秦国才有机会报这一剑之仇。对！就去秦国吧！

张仪好像在漫漫长夜中看见了启明星一样，充满信心地说："贾先生，我没有别的去路了，只有去秦国才有机会如愿以偿。"

贾舍人说："秦国路途遥远，我这有一些金银珠宝，给你留作盘缠吧。"

张仪说："贾先生，我们萍水相逢，您对我这样好……"

不等张仪说完，贾舍人就打断张仪的话："不要多说了，我支持您去秦国！"

贾舍人硬拉着张仪理了发，洗了澡，又带着他去马市买了一架上好的四挂马车。

贾舍人亲自为张仪牵马坠镫，一路到了秦国。

到秦国之后，贾舍人将张仪安排在馆驿之中，自己每天早起晚归去游说："有一个叫张仪的人，是鬼谷子的弟子，是苏秦的师弟。此人才华韬略堪称一流，来我们秦国竞聘，你们都要给说个好话儿，我会给你们一些金银珠宝。"

安排妥当，贾舍人告诉张仪："现在您可以到秦王那里竞聘了。"

张仪来到秦王府，秦王一听到"张仪"两个字，赶忙说道："传张先生上殿！"

张仪来到大殿之上，侃侃而谈：谈到国家管理谋略，谈到未来民生发展，谈到秦国统一大业等，条条是道，事事有理，听得秦王茅塞顿开。

接着，秦王召集文武百官，征求各路大臣的意见。大臣们一致赞成，坚决支持。

张仪就这样在秦国慢慢站稳了脚跟，秦王对他信任备至，重用有加。

时间一晃半年过去了，突然有一天贾舍人来到张仪家中："张先生，我要告辞了。”

张仪此时才想起来，这一段国事繁忙，冷落了贾舍人，诚恳地说：“贾先生，您千万不能走，您帮我来到秦国，现在我刚刚站稳脚跟，正要报答您，您不能离开！”

贾舍人说：“我家里确实有急事，必须回去。”

张仪只好说：“我们只能下次再见。”

于是，张仪怀着一份深情，一直把贾舍人送到了秦国边境。

这时，贾舍人才道出了真情：“这一切都是您的师兄苏相国所为呀！我只是他的一个家丁。他说如果把您安排在他的身边，依您的才华能力，不能得到应有的发挥，对您的未来发展不利。所以您的师兄苏秦用鬼谷子先生的忤合之策将您逼到秦国，然后派我辅助您在秦国站稳脚跟，目的就是成就您未来的一番伟业。”

苏秦先用“忤”的方式，奚落并激怒张仪，然后逼他到了秦国，并暗中帮他成功，这就是忤合智慧中的以忤求合：表面上“忤”，暗地里“合”；先“忤”，后“合”；先逆，后顺；“忤”是方法，“合”是目的。这一番忤合之策的运用，不仅成就了张仪，也帮助了苏秦。

2 言语忤合显奇效

忤逆在心，符合事实：不随意苟同；宁可不说话，绝不说假话。

忤逆于言，符合道理：不迁就情绪；今天如不说，明天没处说。

忤逆现在，符合未来：不鼠目寸光；宁可先得罪，不让后受罪。

黄舒骏预退歌坛　长者言还未入坛

黄舒骏是著名歌手、词曲作家、制作人、演员、导演以及评委。他1988年出道，以《马不停蹄的忧伤》一曲，树立了歌坛音乐才子的独特形象，后来更是为多位歌手谱写歌曲，近年来，更因“中国达人秀”节目，成为电视荧屏中的当红专业评委。

但是这位音乐天才也有最艰难的时期，是一位长者的一句话让他找到了方向，鼓起了勇气，走到了今天。

当时，黄舒骏找到这位长者说：“我要退出歌坛。”

长者说：“你还没入歌坛，何谈退出？”

浣溪沙·忤合

择木而栖为良禽，
择主而事属明臣，
因事为制乃智人。

无所不做贵在心，
无所不听贵在信，
聚散离合为己任。

七 刺探人心揣摩口才

揣是根据外在表现由表及里，透过现象观察隐藏的内容，这时双方还没有实质性的语言交流和接触，处于判断的静态阶段。摩是揣的一种具体方法，其中一方已经发表了言论或采取了行动，用各种形式刺探对方，使对方将实情表现出来，验证揣是否与其内情一致。从发展顺序上说，揣情在先，摩意在后。

1/顺势揣情揣常情

在对方最高兴的时候加大他们的欲望；他们既然有欲望，就无法按捺住实情。因此，不要在高兴时承诺，也不要全然相信对方的承诺。在对方最恐惧的时候，去加重他们的恐惧；他们既然有恐惧，就不能隐瞒住实情。因此，不要在生气时决策，也不要全然相信对方的承诺。

2/逆势揣情揣奇情

在对方最高兴的时候，给他一番冷言冷语；在对方最忧郁的时候，给他一番热情话语。让他内心产生冷热反差，如果这时他的情绪发生了巨大变化，证明他情绪情激烈，让这种内在矛盾显现出来，这样才可以看出这个人如何应对，更可以考察一个人的内心修养和素质。

我熟与城北
徐公美？
君美甚
魔镜魔镜
告诉我，我与
徐公熟美？
……
!
徐

威王拒百官上殿　邹忌讽齐王纳谏

齐威王有一段时间整天沉湎于声色犬马之中，不理朝政，也不准百官议论朝政，更不接受进谏，如有抗旨不遵者一律撤职，甚至杀头。一时间无人进谏。

周边的燕、赵、韩、魏四国认为这是个灭掉齐国的好机会，于是商议如何削弱并消灭齐国。

时任相国的邹忌得知此情，焦急万分，但也不敢轻易进谏。

这一天，邹忌穿好朝服，却不敢上朝。他照着镜子问妻子：“我孰与城北徐公美？”

其妻曰：“君美甚，徐公何能及君也？”

邹忌又问小妾：“吾孰与徐公美？”

妾曰：“徐公何能及君也？”

第二天，一位客人来访，邹忌又问客人：“吾与徐公孰美？”

客曰：“徐公不若君之美也。”

又过了一天，徐公前来，邹忌上下打量徐公，自认不如。

邹忌睡前辗转，曰：“吾妻之美我者，私我也；妾之美我者，畏我也；客之美我者，欲有求于我也。”

第二天他入朝见威王说：“臣诚知不如徐公美。臣之妻私臣，臣之妾畏臣，臣之客欲有求于臣，皆以美于徐公。今齐地方千里，百二十城，宫妇左右莫不私王，朝廷之臣莫不畏王，四境之内莫不有求于王。由此观之，王之蔽甚矣。”

齐威王听罢恍然大悟，说：“善。群臣吏民能面刺寡人之过者，受上赏；上书谏寡人者，受中赏；能谤讥于市朝，闻寡人之耳者，受下赏。”

王令一下，群臣进谏，门庭若市；数月之后，时而间进；期年之后，虽欲言，无可进者。

觊觎齐国的燕、赵、韩、魏四国君王闻之，便放弃了瓜分齐国的想法，纷纷前往齐国朝拜。这就是不战而屈人之兵，一语胜过千军万马的典故。

踏莎行·揣情

察言观色，
审时度势，
一言一行入心知。
见微知著识大体，
由表及里探虚实。

引言揣情，
厉色测意，
一举一动断趋势。
诸葛孔明料事神，
未卜先知天下治。

3/摩意方法其道隐

用和平进攻的语言——和平就是安静
用正义责难的语言——正义就是刚直
用娱乐讨好的语言——娱乐就是喜悦
用愤怒激励的语言——愤怒就是激动

用名望威吓的语言——名望就是声誉

用行为逼迫的语言——行为就是实施

用廉洁感化的语言——廉洁就是清明

用信誉说服的语言——信誉就是真诚

用利益诱惑的语言——利益就是需求

用谦卑夺取的语言——谦卑就是委曲

4 摩意功用三定律

谋划策略，最难的是周到缜密；

游说他人，最难的是对方服从；

经办事情，最难的是一定成功；

这三方面，只有摩意才能做到。

5 摩意必须讲情理

进行游说的人想要让对方听信，必须使自己的说辞合于情理。按事物的不同特性语言摩意，哪有不反应的呢？根据被游说者的喜好施行摩意，哪有不听从的呢？

甘茂揣情秦武王　息壤之盟派用场

据记载，公元前311年，秦惠文王病逝，太子嬴荡即位，史称秦武王。秦武王即位之初，对文臣武将说："父王十七岁即位，在位二十六年，继承并光大了孝公和商君开创的变法图强之业，屡败魏国，控制了黄河天险，奠定了争霸中原的基础；他攻占了巴蜀，吞并了义渠，巩固了后方，使国力大增；用能臣张仪为相，击败了合纵联军，重创楚国，夺取了汉中。我国一跃成为天下第一大国，诸侯无一能与我国抗衡了。寡人荣膺大位，不能愧对祖先，一定要大展宏图，愿众爱卿竭诚尽忠，全力以赴，共创霸业。”

文臣武将异口同声地回答说：“惟大王之命是听！”这声音十分响亮，久久在朝堂上回荡。秦国上下齐心，开始整军备战。

秦武王在即位的第三年，觉得实力已足，便对大将甘茂说：“为了打通进军周王城的通道，建立不朽之功，寡人命你率军出发，攻下韩国的宜阳城！”

甘茂对秦武王说：“孔子的弟子曾参是个德才兼备的贤人。有个和他同名同姓的强盗杀了人，人们误以为是曾参杀了人，忙去告诉他母亲，这时他母亲正在织布，听了这话，神色自若，并不相信，照旧织布。

过了一会儿，又有人对他母亲说：‘曾参杀人了！’他母亲听了，仍然继续织布。

又过了一会儿，第三个人又来了，对他母亲说：‘曾参杀人了！’这回，他母亲真的相信了。她吓得丢下织机，迅速逃走了。

曾参是圣贤之徒，由于三人传讹，他母亲终于也信以为真了。

我的贤德不如曾参，大王对我的信任也不如曾母，国内怀疑我的人又不止三个。因此，恐怕没等我攻下宜阳，大王就不相信我了。何况宜阳是个大城，兵精粮足，易守难攻。我们千里迢迢去攻它，绝不是一朝一夕的事。时间一长，难免夜长梦多。”

秦武王听了这话，明白了甘茂的担心，于是对他说：“你放心带兵去吧，寡人决不改变对你的信任。”

为了让甘茂放心打仗，秦武王还和甘茂订了盟约，以示说到做到，称为“息壤之盟”。

随后，甘茂率军出发了。

甘茂对宜阳城发动了猛烈的攻势，但攻了五个多月，仍未能攻下宜阳。士兵一批批地倒在城下，活着的都丧失了斗志。尽管甘茂一连三次击鼓发动进攻，但是士兵不肯上前攻城了。

这时，秦国内部亲韩的大臣和一些宗室长辈纷纷站出来，劝秦武王休战。秦武王动摇了，他派出特使，召甘茂回国。

甘茂对使者说：“我与大王有‘息壤之盟’，难道大王忘了吗？”

使者回报，秦武王猛然醒悟道：“我一时糊涂，几乎误了东进大计。”说罢，立即派大军支援甘茂。不久，秦军攻克了宜阳。

这就是甘茂摩意抵谗言的故事。正因为甘茂事先揣摩到了秦武王和大臣们可能产生的想法，所以定下了“息壤之约”，才没有功亏一篑。

蝶恋花·摩意

神机妙算不争费，
随机应变方知真与伪。
嬉笑怒骂千般情，
尽收眼底刻心扉。
将心比心知人心，
用之有道更需道之隐。
谋之于阴巧布阵，
成之于阳妙鸣金。

八 运筹帷幄权谋口才

1 说辞三官三精通

嘴巴精通：用来打开和关闭感情与心意之门。

耳朵精通：辅佐心灵、探听是非的通道。

眼睛精通：是心灵的助手，侦察奸邪的窗户。

三者协调呼应就能沿着有利轨道运行；

使用一些烦琐的语言也不会发生混乱；

自由驰骋地讲话议论也不会迷失方向；

改变议论主题也不会发生失利的危险。

2 说辞内涵须深远

“游说”就是力争要说服别人；

要能说服别人，就要给人以帮助。

凡是经过修饰的言辞，都被借以达到某种目的；

凡要进行应酬和答对，必须掌握伶俐的外交辞令；

凡是伶俐的外交辞令，都存有不完全实在的言论。

凡是难于启齿的话，都是暗藏着反面的议论；

凡是反面的议论，都是诱导对方秘密的说辞。

3 说辞掌控门户监

古人云：口可以用来吃饭，但不能用它讲话，因为说话容易犯忌，众人的口可以熔化金属。
凡是言论都有复杂的背景和原因。
人人希望说出的话能让别人听从、服从、顺从。
说到对别人有利的地方，就要顺其所长，
说到对别人不利的地方，就要避其所短。
最重要的是不要轻而易举随便妄加评论。
对于听觉来说，最为宝贵的是明晰清楚；
对于思维来说，最为宝贵的是良莠分明；
对于言辞来说，最为宝贵的是出奇制胜。

4 说辞权衡之智慧

与聪明的人谈话，要依靠自己的博学；
与博学的人谈话，要依靠自己的雄辩；
与善辩的人谈话，要依靠语言的精要；
与位显的人谈话，要依靠宏大的气势；
与富有的人谈话，要依靠高谈与阔论；
与贫穷的人谈话，要依靠利益相诱惑；
与卑贱的人谈话，要依靠自己的谦敬；
与勇猛的人谈话，要依靠自己的果敢；
与愚昧的人谈话，要依靠自己的敏锐。

破阵子·量权

人趋尽善尽美，
量权亦舍亦取。
毛遂自荐歃血盟，

合纵大事顷刻立，
建万里长堤。

崇尚忠诚信誉，
弘扬仁爱正义。
是非良莠善分辨，
轻重缓急巧通济，
中庸不偏倚。

5 鬼谷子人生三仪

上仪：上等人谈智慧；
中仪：中等人谈事情；
下仪：下等人谈是非；
如有机会，先声夺人；
错过机会，静观他人；
创造机会，后发制人。

6 因人因事之谋定

对外表亲善内心疏远的人，从说服他的心理入手；
对内心亲善外表疏远的人，从改善他的关系入手。
要根据对方的疑问所在改变游说的内容；
要根据对方的表现来判断游说是否得法；
要根据对方的言辞来归纳出游说的要点；
要根据情势的变化来适时有效征服对方；
要根据对方可能造成的危害来权衡利弊；
要根据对方可能造成的祸患来设法防范。

7 用人谋略之秘籍

虽是自己人，却说有利于外人的话，就要被疏远；
如果是外人，却知道的内情太过多，就要有危险。
不要拿别人不想要的东西，强人所难，强迫接受；
不要拿别人不了解的事情，说服教训，不留情面。

卜算子·谋虑

陈子昂摔琴，
姜太公钓鱼。
自古摔钓皆奇人，
叹出其不意。

运筹帷幄中，
决胜在千里。
上兵伐谋智者胜，
捻须得天地。

九 当断即断决物口才

《鬼谷子》第十一篇《决物》中名言：“度之往事，验之来事，参之平素，可则决之。”

汶川地震捐巨款　世界闻名王老吉

2008年5月12日，中国汶川大地震，全国人民万众一心，一方有难，八方支援。国家、政府、企业、单位、个人纷纷捐款捐物支援灾区。

面对汶川地震，王老吉的领导层对此果断作出决定：为汶川地震灾区巨额捐款。王老吉当年销售额达170亿元，这个有着一百多年历史名不见经传的饮料品牌一跃上升为世界级品牌。

渔家傲·决物

万事之基在于决，
万全之计在于算。
是非成败由人定，
鸿门宴，
当断不断受其乱。

趋利避害解疑团，
力排众议智勇全。
一锤之音定天下，
力拔剑，
大将风范英名传。

十 随机应变转丸口才

在应对各种问题和情况时，在语言上不仅体现思维的敏捷，还要体现语言的智慧，使思维的敏捷与语言的智慧融为一体，真正体现内与外、道与术相结合的智慧。一个人如果能在各种意想不到的情况下，借助语言的力量机智地给予应对，就会永远立于不败之地。正如翟杰老师的恩师所言：能说好话说好话，说不了好话说活话，说不了活话不说话，千万不能说瞎话。

伍子胥逃难被抓 一番话释放士兵害怕

春秋时期，楚国贵族伍子胥，避难逃到吴国，途中被守边士卒抓住。

伍子胥灵机一动，计上心来，威胁他说："其实国王追捕我，是想得到我家传的珠宝。可惜在逃跑途中，我已将它丢失。如果你把我押回楚国，我就说你拿了我的珠宝，自己独吞了。所以不如放了我，你我都无事。"

士卒听到这种威胁，越想越怕，越想越不利，马上把伍子胥放了。

点绛唇·转丸

唇枪舌剑，
几多英雄仰天叹：
一言兴邦，
一语痛丧权。

千军万马，
携手地平线。
三寸舌，
呼风唤雨，
横扫天地间。

十一 高人一筹胠箧口才

俗话说，山外青山楼外楼，强中更有强中手，用诈骗逢识诈人。口才更是如此，没有最强，只有更强。譬如，孟子的口才堪称天下一流，但是在张仪面前，只能瘫软在地，无言以对。可以说张仪的口才，至少胜孟子一筹，但在翟璜面前，却一句话不敢说，撒腿就跑。

王翦求赏房地产　秦王疑心顿消散

战国末期秦国大将王翦奉命出征。
出发前他向秦王请求赐给良田房屋。

秦王说："将军放心出征，何必担心呢？"王翦说："做大王的将军，有功最终也得不到封侯，所以趁此机会，斗胆请求大王赐给我田园，作为我子孙后代的家业。"

秦王大笑，答应了王翦的要求。

王翦到了潼关，又派使者回朝请求良田，秦王倒是爽快地应允了。王翦手下心腹劝告王翦，不可如此贪婪，惹怒大王。

王翦不动声色地支开左右，这才对手下心腹坦诚相告："我并非贪婪之人，因秦王多疑，现在他把全国的部队交给我一人指挥，心中必有不安。所以我多求赏赐田产，名为子孙计，实为安秦王之心。这样他就不会怀疑我有造反之心了。"

醉花阴·胠箧

稀世珍宝价连城，
秘藏深闺中。
天地难探寻，
悄无轻声，
堪绝顶聪明。

大盗临门喜相逢，
唯恐锁不定。
暗笑聪明者，
如此聪明，
丧了卿卿命。

十二 言由心发中经口才

古人云：相由心生。我们说：言由心发。修心是口才修炼的根本，启智是口才修炼的源泉，只有以德修心，以理修义，才能做到口德高尚，嘴下留人；言之以情，言之以理。

1 养心口才的七种法术

盛神法五龙——语言的精度
养志法灵龟——语言的内涵
实意法螣蛇——语言的婉转
分威法伏熊——语言的力度
散势法鸷鸟——语言的广度
转圆法猛兽——语言的速度
损兑法灵蓍——语言的奇妙

如能把握好语言的这七点，就可以成为一个进退自如、来去自如的人。

2 启智口才的七个原则

察言观色——见形为容，象体为貌
细心聆听——闻声和音，如影随形
和颜悦色——解仇斗郄，化敌为友
温婉话语——缀去留念，不生后患
善言忠告——却语环转，劝诫人心

语重心长——摄心守义，获取人心

至理良言——守义遵规，以理服人

好事近·中经

人初性本善，
赈救穷窘急难。
和颜悦色待人，
不轻言争战。

人生何处不相逢，
善心施明鉴。
坚守仁义道德，
好事近身边。

《鬼谷子》一书共十七篇，一环扣一环，环环相连，互为关联，正可谓：层层剥笋、步步为营、由外而内、由表及里、由浅入深、由奇而妙，直到人事物的最深处，不愧为中国乃至世界的智慧口才奇书。

如梦令·智慧

昨日梦中如令，
今日如梦方醒；
众里寻千年，
方才求得真经。
鬼谷口才，
点津华夏精英。

幽默口才 PK 行云流星

幽默是一种口才，也是一种机智，更是一种胸怀。幽默口才是语言与口才的最高境界。因为，幽默口才必须具备口才的全部技能与情怀。

在谈话中，运用幽默口才会收到意想不到的效果：

与人初次见面，幽默的谈话，会赢得对方的好感；

双方发生矛盾冲突时，幽默的谈话，会摒弃前嫌；

具有幽默感的批评性谈话，使人容易愉快地接受；

工作劳累时，一句幽默笑话，使人得到轻松休息；

总之，幽默是人们良好关系不可缺少的“润滑剂”。

关于幽默感，我们归纳了如下三种人。

第一种人：本来是一件很幽默的人事物，到了他的嘴里，变成了平淡无奇的家常话。这是没有幽默感的人。

第二种人：能将一件具有幽默元素的人事物，讲得让人忍俊不禁，捧腹大笑。这是会演绎幽默的人。

第三种人：能将一件看似平淡或本来就平淡、司空见惯的人事物，通过巧妙思维，幽默语言，演化为幽默风趣的语言，让人们从平淡中感受幽默，从日常生活中获取愉悦。这种人是会发现幽默、创造幽默，真正拥有幽默感的人。

人常说：是人才不一定有口才，有口才者一定是人才。

我们说：有口才不一定有幽默，幽默者才是最好口才。

幽默最悦人，幽默也最冒险。因为不会幽默、不懂幽默的人，往往会产生误会。一次，翟杰老师和他的大学同学玩了一个小幽默。过了一个月，那位同学郑重地质问他：“翟杰，你一个月前说的那句话，什么意思？”这让翟杰老师好不惊讶。从此，他对幽默非常慎重。这其中，也许是他的幽默尺度没有把握好，也许他的同学是一个没有幽默感，也无法接受幽默的人。因此说：幽默最最难！

一 短小精悍——短兵相接

谢芳花谢也芬芳　我是花开也枯黄

有一次，翟杰老师应邀与著名电影表演艺术家谢芳共同主持一个全国级别的大型晚会，他借谢芳的名字，来了一句小幽默，获得了较好的幽默效果，就是上面那句话：谢芳花谢也芬芳，我是花开也枯黄。

金杯银杯与口碑　口碑才是最珍贵

2020年，翟杰老师在“江西女企业家高峰论坛”上演讲，结束后助理把翟杰老师的水杯落在会场了，助理当时很惭愧，一再表示内疚。

翟杰老师笑着说：“金杯银杯不如口碑。感谢您把我的口碑留在了会场。”

二 随机应变——出神入化

幽默主持人凌峰 美与丑他分得清

在1990年春节联欢晚会上，著名主持人，关于“美与丑”的一段脱口秀，给人们留下了深刻印象：

“在下凌峰，我和文章不一样，虽然我们都得过金钟奖和最佳男影星称号，但是，我是以长得难看出名的（掌声）。

两年多来，我们大江南北走了一趟，男观众对我印象特别好，他们在我面前觉得有优越感，因为本人这个样子对他们没有构成什么威胁，他们放心（观众大笑）。

本人的脸长得很中国（掌声笑声），中国五千年的沧桑和苦难全都写在我的脸上（掌声笑声）。一般来说女观众对我印象不太良好。

有的女观众对我的长相已经到了忍无可忍的地步（笑声），他们认为我是人比黄花瘦，脸比煤球黑。

我要特别声明：这不是本人的过错，实在是家父母的错误，当初并没有征得我的同意把我生成这个样子（掌声笑声）。

但是，时代在变，潮流在变，审美的观念在变。如果你仔细归纳一下，你会发现，现在的男人基本分为三种。

第一种，他看上去很漂亮，看久了也就那么回事，就像我的好朋友刘文正这种；

第二种，他看上去很难看，看久了以后越看越难看，就像我的好朋友陈佩斯这种；

第三种，他看上去很难看，看久了以后你会发现，他另有一种男人的味道，就是我这种（掌声笑声）。

好，鼓掌的都表示同意了——鼓掌的都是一些长得和我差不多的（笑），真是物以类聚、人以群分啊！”

最后，他演唱一首独具特色的歌曲《小丑》。

三 耐人寻味——富有哲理

苏格拉底心有底　响雷过后必大雨

古希腊哲学家苏格拉底的妻子是个悍妇，经常对丈夫大发“雌”威。然而，苏格拉底却总是在别人面前自我解嘲：“有这样的老婆好处很多，既可以锻炼我的忍耐力，又能加深我的修养。”

有一次，老婆暴跳如雷，吵闹不休，苏格拉底照例退避三舍。

他刚走出家门，他的好老婆突然从楼上倒下一大盆水，把他浇得落汤鸡一般。

苏格拉底抹了一把脸，胸有成竹地说：“我就知道，响雷过后必有大雨。一切尽在掌握之中。”

四 内涵丰富——给人启迪

马克·吐温乘火车　车票不见麻烦多

马克·吐温外出乘火车。当列车员检查车票时，他翻遍了每个衣袋，也没有找到自己的车票。刚好这个列车员认识他，于是就安慰马克·吐温说："没关系，如果您实在找不到车票，那也不碍事。"

"咳！怎么不碍事，我必须找到那张该死的车票，不然的话，我怎么知道我要到哪儿去呢？"

五 展现自信——成竹在胸

胖子演讲贝纳克　一人让位三人坐

贝纳克是个大胖子，每次上台演讲的时候，听众总会发出一阵令人信心减弱的嘲笑声。

但贝纳克却假装没听见，总是在演说开始的时候说："我是个比别人亲切三倍的男人，每当我在车上给别人让座的时候，都会有三个人感谢我。因为我的一个座位都可以坐下三个人。"

我的火车票呢？
没关系
咳
没有车票，我怎么知道我要到哪儿去呢？

小眼睛与狗属相　换来欢笑声满堂

翟杰老师在讲课的时候经常会这样说："我的眼睛很小，但是也有优点，就是眼小聚光。为此，我准备筹备成立小眼睛协会，要汇尽天下所有的小眼睛高手，举办一个小眼睛选美大赛，然后，和天下所有的大眼睛来一个大眼瞪小眼的擂台赛。"

他经常说："我是近视眼，但绝不会鼠目寸光；我是闪光眼，但决不会视而不见。

我的口才还算好，因为我是属狗的，狗掀门帘——全凭一张嘴。"

再例如：在他的本命年，他原创了一条短信内容如下。

急时不跳墙——直接上房

胆大不包天——只包月亮

仗义造人势——人财两旺

延年不残喘——永葆健康

这其中：暗藏四个带"狗"字的成语，并且经过翻新，反其意而用之。

六　打开僵局——缓解尴尬

黄石演出降一级　马季圆场升一级

马季一次到湖北省黄石市演出，在他表演之前，有一位演员错把"黄石市"说成了"黄石县"，引起了观众的哄笑。

在笑声中，马季登台演出说："今天，我们有幸来到黄石省演出”这话把哄笑中的观众逗得笑声更大了。

正当大家议论纷纷时，马季解释道：“刚才，我们的一位演员把黄石市说成县，降了一级；我在这当然要说成省，给提上一级，这样一降一提，哈哈，就平啦！”几句话，更加引得全场观众哄堂大笑。

马季既机智幽默地给圆了场，又抖响了一个原本没有的包袱。

知心姐姐花过敏　狗尾巴花献上来

一次翟杰老师在北大百年讲堂主持一个大型论坛，当时任《中国少年报》总编辑、被全国少先队员称之为知心姐姐的卢勤老师精彩的演讲后，现场众多孩子和家长手捧鲜花，鱼贯而出向讲台上走来，准备向他们可亲可敬的知心姐姐献花时，卢勤老师突然说：“对不起！我花粉过敏。”

一句话，让几十位准备献花的人一怔，登时停止了脚步。翟杰老师在台口一看：有的手持鲜花刚刚站起、有的拿着鲜花正在途中，有的捧着鲜花来到台前，有的高举鲜花登上讲台……

他们停顿的刹那，就像一尊尊姿态各异的塑像……

面对此情此景，翟杰老师马上飞快地跑到台中央，给知心姐姐一个温暖的拥抱，并将一条腿高高地向后翘起，说道：“卢勤大姐，我送您的这束花，您一定不会过敏。”

知心姐姐卢勤大姐真是眼观六路，反应机敏，说道：“主持人送我的这朵狗尾巴花，我收下了！”

接着，翟杰老师代表卢勤大姐收下了全部的鲜花。

七 轻松愉悦——创造和谐

马克·吐温投夜宿 蚊子虽多睡不误

有一次，马克·吐温到旅店投宿，别人事前告诉他，此地蚊子特别厉害。

他在服务台登记房间时，一只蚊子正好飞来。

马克·吐温对服务员说："早听说贵地蚊子十分聪明，果不其然，它竟会预先来看我登记的房间号码，以便晚上对号光临，饱餐一顿。"

服务员听后不禁大笑。结果那一夜马克·吐温睡得很好。

因为，服务员也记住了房间号码，提前进房做好了灭蚊防蚊的工作。

语言不通真心烦 一首歌曲解万难

2018年，翟杰老师应邀赴西班牙巴塞罗那演讲，在入住酒店时，他与前台一位女服务员用简单的英语交流，那位酒店女服务员就像没听到一样，根本不理他……

这时，旁边的一位顾客告诉翟杰老师："这里是西班牙，你要说西班牙语。"

翟杰老师说："英语不是世界通用吗？"

顾客："西班牙语也是世界通用呀。"

顾客的这一提示，让翟杰老师感触很深。

在这位顾客为翟杰老师做临时西班牙语翻译的帮助下，翟杰老师完成了入住手续。

这时，翟杰老师本想说一句谢谢或者再见之类的礼貌用语，可是，那位顾客已经离开，翟杰老师又一句西班牙语都不会。情急之下，他忽然想起了一首歌《西班牙女郎》，于是就用这首歌作为向女服务员致谢的礼貌用语。他唱道：

美丽的西班牙女郎，
人们都热爱着她；
到处的人们都赞扬，
赞扬她活泼漂亮……

虽然他是中文演唱的，但是歌曲音乐的力量是超越语言障碍的。

听到歌声，这位女服务员非常高兴，抿着嘴笑个不停，更令翟杰老师惊奇的是，她一边笑，一边用汉语说："谢谢！谢谢！"

八 人情入理——发人深省

买了一张儿童票　火车到达人已老

马克·吐温乘坐火车，去一所大学讲课。因为时间很紧，买了张儿童车票，准备上车后再补。上车后他也十分着急，总是嫌火车开得太慢。

这时，过来一位检票员，向他问道："先生，您有票吗？"

马克·吐温递给他一张儿童票。

检票员仔细地打量他之后说："真有意思，我看不出您还是一个孩子！”

马克·吐温回答：“现在我已经不是孩子了，不过，我买车票的时候还是孩子。”

九 彰显智慧——提升人格

雷利回答真有趣 大家笑着活下去

在一个众多名流出席的晚会上，鬓发斑白的巴基斯坦影坛老将——雷利，拄着拐杖，蹒跚地走上台。

主持人开口问道：“您还经常去看医生吗？”

雷利：“是的，常去看。”

主持人：“为什么？”

雷利：“因为病人必须常去看医生，医生才能活下去！”

主持人：“您常请教医院的药剂师有关药物的服用方法吗？”

雷利：“是的，我常向药剂师请教有关药物的服用方法，因为药剂师也得赚钱活下去！”

主持人：“您常吃药吗？”

雷利：“不，我经常把药扔掉。因为我也要活下去！”

主持人：“谢谢您接受我的采访！”

雷利：“别客气，我知道，你也要活下去！”

主持人：“你还经常到群里聊天吗？”

雷利：“是的，我也要在群里活下去！不露面，不聊天，大家以为我走了，群主会把我踢出去！”

其实，生活中幽默无处不在，只要学会发现。

幽默是一杯清茶：滋润您的心田；
幽默是一块奶酪：让您倍感甜蜜；
幽默是一阵春风：让您展开笑颜；
幽默是一抹阳光：给您带来温暖；
幽默是一场演出：彰显您的魅力；
幽默是一种智慧：让您绝处逢生。

今年是牛年，翟杰老师在上一个牛年，也就是2009年春节，写了一段顺口溜，拿来作为本书这一章节的结束语。

创业要学垦荒牛，
做人要学孺子牛；
讲话不要吹大牛，
下海不要学泥牛；
前两头牛要牵住，
后两头牛杀吃肉。
牛年管好四头牛，
一年潇洒乐悠悠。

口才十八般

PK

武艺十八般

前有前言，后有后语，前言后语要搭配，不能前言不搭后语。

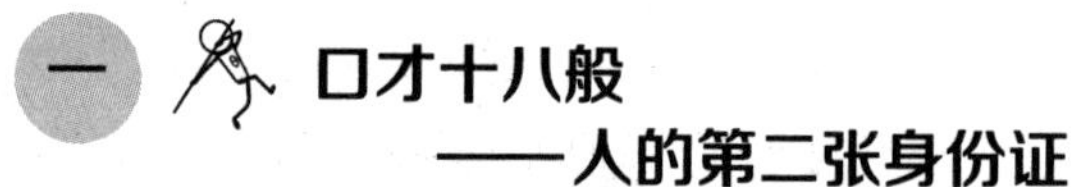

一 口才十八般——人的第二张身份证

口才十八般足可以替代任何媒介；
口才十八般是人际沟通的金钥匙；
口才十八般可应对任何意外事物；
口才十八般让您游刃有余闯天下。

二 口才四境界——张嘴开口成败在此

开口就“杀人”
开口就“烦人”
开口就“服人”
开口就“乐人”

三 口才之戒言
——闭嘴合口万事无忧

戒多冗之言：说话不要太多，言多语失

戒轻率之言：不要轻率讲话，言轻人危

戒狂躁之言：不知轻重胡侃，言过其实

戒杂乱之言：说话杂乱无章，言不达义

戒戏谑之言：过度幽默谐趣，言伤人心

戒耿直之言：一味口无遮拦，直言不讳

戒绝对之言：说话委婉含蓄，言留余地

戒遗漏之言：不要泄露机密，言多漏洞

戒恶意之言：注意他人忌讳，言语伤人

戒巧舌之言：不要花言巧语，言语虚伪

戒矜持之言：不要骄傲自满，言自矜夸

戒闲谗之言：闲谈莫论人非，言语杀人

戒奸佞之言：揭人短处疮疤，言人害己

戒轻诺之言：轻易许愿承诺，言失信用

戒讥讽之言：随意讥讽他人，言出尴尬

戒出位之言：不符身份地位，言不由衷

戒谄谀之言：吹捧奉承他人，言语谄媚

戒卑屈之言：奴颜婢膝自虐，言语失当

戒怨恨之言：令人报怨憎恨，言语生怨

戒招祸之言：招来祸害的话，言语招祸

翟杰系中国教育艺术泰斗李燕杰教授大弟子。他博古通今，将中华国学智慧精髓与国际最先进的培训理念融为一体，开发出一套科学、实用、创新的培训体系。翟杰独创的纵横捭阖中华国学精髓培训系统、生命突破多元智能教育训练系统、将多元智能、全脑思维、创新思维、情景式、体验式、启发式、互动式、寓教于乐、因材施教、教学相长等古今中外的教育培训经典集之大成，信手拈来，运用自如。

原辽宁省广播电视厅厅长郭东义先生评价：讲台上的翟杰，温文尔雅、落落大方、平易近人、和蔼可亲。时而口若悬河、侃侃而谈，时而轻歌曼舞、风度翩翩。一言一语，口齿清晰，声声入耳；一招一式，赏心悦目，潇洒干练。紧要处，如疾风暴雨、排山倒海；舒缓时，如轻风弱柳、静水微澜；解疑难，如雪中送炭、春风沐雨；讲道理，似抽丝剥茧、亦庄亦谐；刚柔相济、张弛有度。

翟杰教授主持的各类培训及讲演已达3000多场，受众达6000多万人次，包括众多海外著名大学、企业、商会，凡是参加过培训的人们，无不耳目一新，受益匪浅。

专著

01
国学智慧三部曲（书+DVD）

1. 《翟杰话说鬼谷子》
2. 《翟杰话说财神爷》
3. 《翟杰话说好口才》

02
领导口才三部曲

1. 《领导干部脱稿演讲的艺术》
2. 《领导干部出口成章的故事》
3. 《领导干部演讲必用的名言》

03
演讲口才三部曲

1. 《魅力口才三支剑》
2. 《口才是练出来的》
3. 《伶牙俐齿》

04
亲子教育三部曲

1. 《把孩子培养成未来的领袖》
2. 《父母的品格影响孩子的一生》
3. 《培养优秀的独生子女》

05
中国梦之三部曲

1. 《中国梦 · 环球行 · 美国行》
2. 《中国梦 · 环球行 · 欧洲行》
3. 《中国梦 · 环球行 · 俄罗斯行》

06
生命励志三部曲

1. 《孙中山的青少年时代》
2. 《不当总统就做推销员》
3. 《做更好的自己》

07
中国声音三部曲

1. 《中国声音》
2. 《演讲的力量》
3. 《一带一路放歌》

主体课程

01 国学概论及系列课程

02 鬼谷子谋略系列课程

03 财神爷商道系列课程

04 墨翟子智慧系列课程

05 十八般口才系列课程

06 亲子与教育系列课程

07 经营与营销系列课程

联系方式

- 微信:zhbh100
- VIP手机：15811009998
- QQ：529270255
- 网址：www.ggcs100.com
- 邮箱：smtp100@126.com
- 抖音：smtp100